Egger/Prifling

Deutsch richtig schreiben

3./4. Schuljahr

MANZ VERLAG

Manz Verlag

Lektorat: Peter Süß, München
Herstellung: Yellowhand, Köngen
Illustrationen: Ewa Wolska, Braunschweig
Umschlagkonzept: KünkelLopka, Heidelberg
Umschlagfoto: Fotostudio Maurer, Bamberg
Druck: Finidr s.r.o., Český Těšín

ISBN: 978-3-7863-1028-0

www.manz-verlag.de

Tipps zum Training mit diesem Buch

Du bist in der **3. oder 4. Klasse** und unsicher bei der Rechtschreibung? Dieses Buch kann dir beim Lösen deines Problems helfen.

Das Training begleitet dich im 3. und 4. Schuljahr und ist eine Ergänzung zum Deutschunterricht. Es hilft dir dabei, Wörter oder Ausdrücke **richtig zu schreiben** und deine **Deutschnote zu verbessern.** Es ist auch **ideal zur langfristigen Vorbereitung auf den Übertritt an eine weiterführende Schule,** für den du gute Rechtschreibkenntnisse brauchst.

Und so machst du es richtig:

- Das Inhaltsverzeichnis auf den folgenden zwei Seiten zeigt dir **alle Rechtschreibthemen** des Buches im Überblick. Du kannst die Kapitel **der Reihe nach** durchgehen oder dir **ganz gezielt** einen Abschnitt für dein Training aussuchen.

- In jedem Kapitel findest du **abwechslungsreiche und spannende Übungen.** Die kurzen **Tipps** machen Regeln und Besonderheiten klar.

- Trainiere zuerst selbst und überprüfe zum Schluss deine Ergebnisse mit Hilfe des **Lösungsteils** (ab Seite 116).

Eine **Liste wichtiger Wörter** für das 3./4. Schuljahr findest du ab Seite 104. Du kannst mit der Wörterliste sehr gut trainieren. **Übungsvorschläge** dazu findest du ab Seite 113.

Inhalt

1 Einfache Nomen

Menschen, Tiere, Pflanzen und Dinge haben einen Namen. Nomen (= Namenwörter) schreibst du groß. Nomen kannst du einen Artikel *(der, die, das, ein, eine)* voranstellen.

1. Suche die zwölf Nomen und schreibe sie mit dem bestimmten Artikel auf die Zeilen.

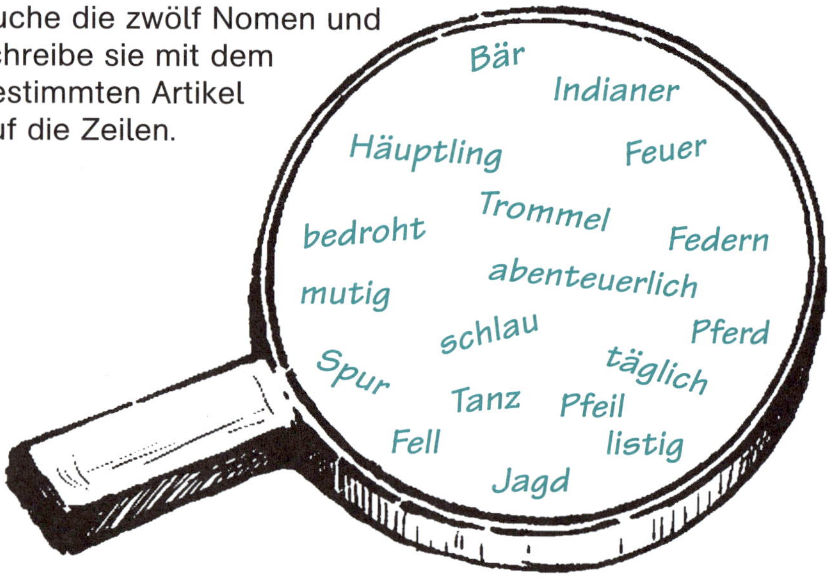

2. Suche zu jedem Buchstaben ein passendes Nomen.

	Menschen	Tiere	Dinge
I	*Indianer*	*Igel*	*Instrument*
N	*N*	*N*	*N*
D			
I			
A			
N			
E			
R			

3. Lies den Text durch. Überlege, welche Wörter Nomen sind. Schreibe dann die Sätze richtig auf die Zeilen.

Die irokesen bauten längliche häuser in der nähe von seen und flüssen. Sie jagten elche und bären. Auf ihren feldern bauten sie mais, bohnen und kürbisse an.

2 Zusammengesetzte Nomen

Oft genügt ein Nomen allein nicht, um etwas genau zu beschreiben. Deshalb wird ein weiteres Wort hinzugefügt – und schon hast du ein zusammengesetztes Nomen.

1. Bilde zusammengesetzte Nomen und schreibe sie mit dem bestimmten Artikel auf die Zeilen.

Indianer: Häuptling, Sprache, Zelt, Film, ~~Schmuck~~, Stamm

der Indianerschmuck

Wald: Eule, Vogel, Brand, Ameise, Beere, Weg

Zusammengesetzte Nomen können auch so gebildet werden:

Adjektiv + Nomen:	wild + Schwein	→ das Wildschwein
Verb + Nomen:	reiten + Pferd	→ das Reitpferd

2. Bilde aus den beiden Wörtern ein zusammengesetztes Nomen und schreibe es mit dem bestimmten Artikel auf die Zeilen.

a) geheim + Versteck ____________________

b) faul + Tier ____________________

c) bunt + Specht ____________________

d) schnell + Zug ____________________

e) kühl + Schrank ____________________

f) spitz + Maus ____________________

3. Bilde zusammengesetzte Nomen und schreibe sie mit ihrem bestimmten Artikel auf die Zeilen.

a) klettern + Turm *der Kletterturm*

b) reiten + Pferd ____________________

c) spielen + Platz ____________________

d) baden + Anzug ____________________

e) tauchen + Brille ____________________

f) trinken + Halm ____________________

4. Jetzt musst du gut nachdenken. Bilde aus den drei Wörtern in jedem Kasten ein zusammengesetztes Nomen.

a) Beutel
Schuh
turnen

____

b) kleben
Stoff
Tropfen

____

c) Schublade
schreiben
Tisch

____

d) weiß
Scheibe
Brot

____

e) Lenker
fahren
Rad

____

f) groß
Leinwand
Bild

____

g) spielen
Fuß
Ball

____

h) Bad
Halle
schwimmen

____

3 Abstrakte Nomen

Abstrakte Nomen bezeichnen etwas, das du nicht sehen oder anfassen kannst. Sie bezeichnen etwas, was du innerlich fühlen oder denken kannst. Diese Wörter sind als Nomen leichter zu erkennen, wenn du in Gedanken einen Artikel davorsetzt.

1. Markiere alle neun abstrakten Nomen farbig. Du musst waagrecht und senkrecht lesen. Schreibe dann die Wörter mit ihrem bestimmten Artikel auf die Zeilen.

S	C	H	M	E	R	Z	S
F	R	F	L	I	S	T	K
U	S	R	X	I	N	S	U
R	W	E	S	M	E	I	M
C	U	U	T	U	I	D	M
H	T	D	L	T	D	E	E
T	X	E	L	O	Y	E	R

2. Lena soll im Kreuzworträtsel zu jedem Nomen das Gegenteil eintragen. Sie verwendet dazu die Silben im Kasten. Ein Freund hilft ihr dabei. Das Lösungswort verrät dir seinen Namen. Streiche die verwendeten Silben durch.

EN ~~HEIT~~ GEND LICH ZE ~~GAN~~ ~~VER~~ DE HIT TAP LE STIL KRANK ÄNGST KEIT JU HEIT KEIT ~~GEN~~ FER

a)	Zukunft	V	E	R	G	A	N	G	E	N	H	E	I	T
b)	Feigheit													
c)	Lärm													
d)	Anfang													
e)	Mut													
f)	Kälte													
g)	Gesundheit													
h)	Alter													

Lenas Freund heißt ______________________________.

3. Ordne die Purzelwörter. Es sind abstrakte Nomen. Achte daher auf die Großschreibung am Wortanfang. Schreibe die Lösungen mit dem bestimmten Artikel auf die Zeilen.

a) sch z r m e ______________________

b) n d ei ______________________

c) n z o r ______________________

d) f d r eu e ______________________

e) g e ä r r ______________________

f) ch f t u r ______________________

4. Kreuze alle abstrakten Nomen an.

Wut	☐	Schadenfreude	☐
Bild	☐	Freundschaft	☐
Sonne	☐	Zeitung	☐
Neid	☐	Zorn	☐
Zirkus	☐	Kummer	☐
Idee	☐	Spiel	☐
Wasser	☐	Kino	☐
Fröhlichkeit	☐	Feigheit	☐
Handy	☐	Ärger	☐

4 Nomen mit den Nachsilben heit – keit – ung – nis

Aus Adjektiven und Verben kannnst du mit den Nachsilben *ung*, *heit*, *keit* und *nis* Nomen bilden.

1. Bilde Namenwörter, die auf *ung*, *heit* oder *keit* enden. Ordne sie in die Tabelle ein und denke dabei an die Großschreibung.

überlegen, gesund, dumm, heiter, klug, pünktlich, entschuldigen, erklären, schwierig, leicht, sicher, wohnen, krank, hell, gemütlich, ~~feige~~, schön, beleidigen, ähnlich, versichern, zeichnen

heit	keit	ung
Feigheit		

Vorsicht, wenn du die Mehrzahl bei Namenwörtern bildest, die auf *nis* enden:
Singular (= Einzahl): das Hindernis
Plural (= Mehrzahl): die Hindernisse.

2. Aus den Wörtern kannst du Nomen mit der Nachsilbe *nis* bilden. Notiere sie mit dem bestimmten Artikel im Singular und im Plural.

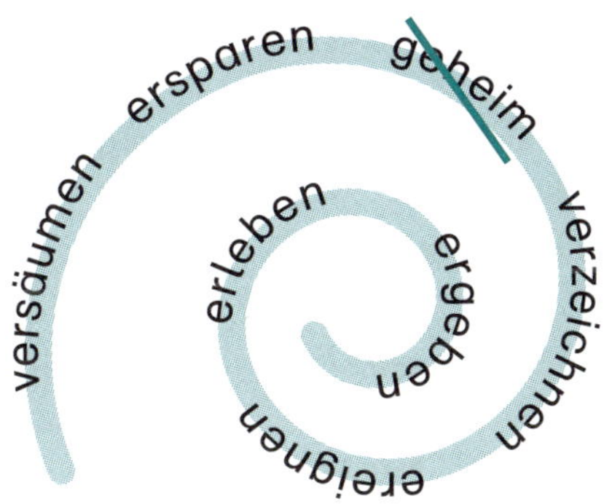

Nomen im Singular	**Nomen im Plural**
das Geheimnis	*die Geheimnisse*

3. Ergänze die Geschichte, indem du aus dem angegebenen Adjektiv oder Verb ein sinnvolles Nomen bildest und einsetzt.

Herr Vogt hat für die Geburtstagsgäste seines Sohnes Lukas eine ______________ (überraschen) vorbereitet. Er sagt: „Bei Einbruch der ______________ (dunkel) starten wir zu einer nächtlichen ______________ (wandern).“ Mit großer ______________ (erwarten) brechen die Kinder am Abend auf. Gebannt hören sie der ______________ (erzählen) von Herrn Vogt über Waldgeister zu. Da nimmt Lukas eine leichte ______________ (bewegen) im Gebüsch wahr. Da! Wieder ein Rascheln! „Ob das Waldgeister sind?“, überlegt der Junge. Plötzlich hört er, wie jemand hinter ihm atmet. Er macht seine Freunde darauf aufmerksam. Mit großer ______________ (tapfer) schleichen sie hinter die Büsche. Welch eine ______________ (überraschen)! Es ist Tim, der kleine Bruder von Lukas, der nicht allein zu Hause bleiben wollte. „Wie siehst denn du aus?“, ruft Lukas entsetzt. „Das ist ______________ (tarnen)“, antwortet Tim stolz. „Ich habe mein Gesicht mit schwarzer Farbe bemalt, damit ich in der ______________ (dunkel) nicht gleich gesehen werde.“

5 Adjektive

Adjektive (= Eigenschaftswörter) sagen, wie etwas ist. Adjektive schreibst du klein.

1. Die Adjektive beschreiben die Merkmale eines Tiers. Wenn du die Tiere erraten hast, dann male sie in die Kästchen und schreibe ihre Namen auf.

a) dick
groß
grau

b) lang
schuppig
zischelnd

c) braun und gelb
gestreift
schnell

der E __________

die S __________

der T __________

2. Finde für diese drei Tiere passende Adjektive.

Papagei	**Affe**	**Bär**
__________	__________	__________
__________	__________	__________
__________	__________	__________

3. Hier haben sich elf Adjektive versteckt. Markiere sie farbig und schreibe sie dann auf die Zeilen. Denke dabei an die Kleinschreibung.

H	B	U	N	T	S	A	L	T	F	L	I	E	B
A	X	M	E	W	I	L	D	K	L	E	I	N	S
R	U	S	S	A	U	B	E	R	R	E	I	F	A
T	R	N	E	L	F	R	O	H	S	R	O	T	Y

hart,

4. Überlege dir zu jedem Adjektiv ein Nomen. Sinnvolles, aber auch Unsinniges darf dabei entstehen.

spannend

winzig | kalt

langsam | steil | fröhlich

grün | teuer | leise | giftig

eine spannende Geschichte,

Adjektive kannst du auch an den typischen Endungen *ig* und *lich* erkennen.

5. Schreibe die Adjektive in die richtige Spalte.

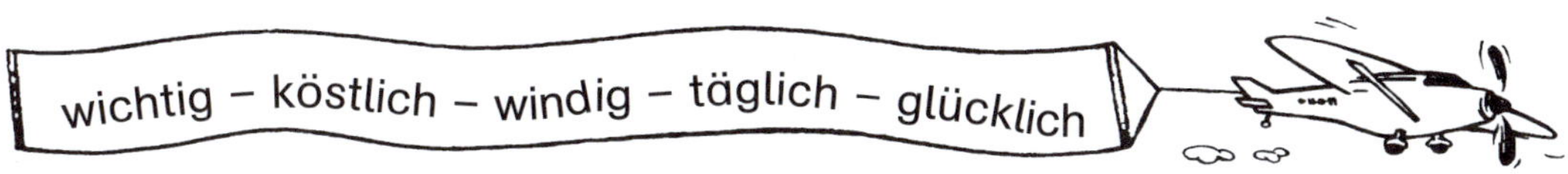

-ig	**-lich**

6. Kreise bei den Adjektiven in der Tabelle von Übung 5 die Nachsilben ig und lich in Farbe ein.

7. Brauchst du *ig* oder *lich*? Ergänze die richtige Nachsilbe.

sonn______	list______	fröh______	ängst______
kräft______	saft______	herz______	durst______
vergess______	schmutz______	eis______	häss______

Auch zusammengesetzte Adjektive schreibst du klein:
schnell wie der Blitz → blitzschnell

8. Bilde zusammengesetzte Adjektive. Schreibe sie auf die Zeilen.

a) leicht wie eine Feder *federleicht*

b) gelb wie eine Zitrone ______________

c) süß wie Zucker ______________

d) schwarz wie ein Rabe ______________

e) stark wie ein Bär ______________

f) kalt wie das Eis ______________

g) hoch wie ein Haus ______________

h) blau wie der Himmel ______________

6 Verben

Verben (= Tunwörter/Tätigkeitswörter) sagen dir, was jemand macht oder was geschieht. Verben schreibst du klein.

Du und ich – was machen wir heute?

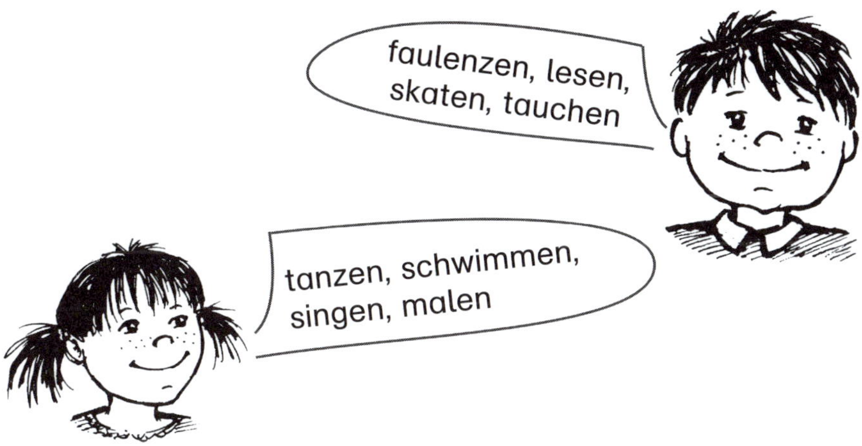

1. Schreibe auf, was Sophie und Moritz heute tun.

Sophie sagt:	Moritz meint:
Ich tanze.	*Ich faulenze.*

2. Male die Sterne, die ein Verb enthalten, farbig aus.

pfeifen

rudern

sicher

schütteln

ehrlich

eng

schwimmen

trinken

voll

still

hängen

spielen

flüstern

kleben

langsam

zerbrechen

grün

nett

streicheln

träumen

klar

gewinnen

staunen

geben

schlüpfen

schlafen

weit

7 Aus Verben werden Nomen

Aus einem Verb kann ein Nomen werden,
wenn du den bestimmten Artikel davorsetzt:
fliegen → das Fliegen

1. In der Zauberschule: Lies die Schilder und markiere die Nomen, die aus einem Verb entstanden sind, farbig. Markiere auch den bestimmten Artikel.

2. Markiere im ersten Satz das Verb. Bilde dann aus dem Verb ein Nomen und ergänze damit den zweiten Satz.

a) Die Schulkinder lachen.

Das *Lachen* der Schulkinder schallt durch das ganze Haus.

b) Valentin singt.

Das ______________________ von Valentin gefällt Sophie.

c) Frau Naseweis schimpft.

Das ______________________ von Frau Naseweis hört der Hausmeister.

d) Die Schultafel quietscht.

Das ______________________ der Schultafel stört die Kinder.

e) Anna rechnet.

Das ______________________ macht Anna Spaß.

f) Die Kinder verkleiden sich.

Das ______________________ der Kinder dauert lange.

In den Wörtern *am*, *im*, *zum*, *beim* und *vom* steckt der bestimmte Artikel *dem*. Deshalb wird das Verb zum Nomen:
bei dem Rechnen → beim Rechnen
zu dem Ausprobieren → zum Ausprobieren

3. An der Pinnwand der Hexenschule hängen kleine Zettel. Du findest bestimmt für jeden Zettel das passende Verb, das hier als Nomen verwendet wird. Schreibe es in die Lücken.

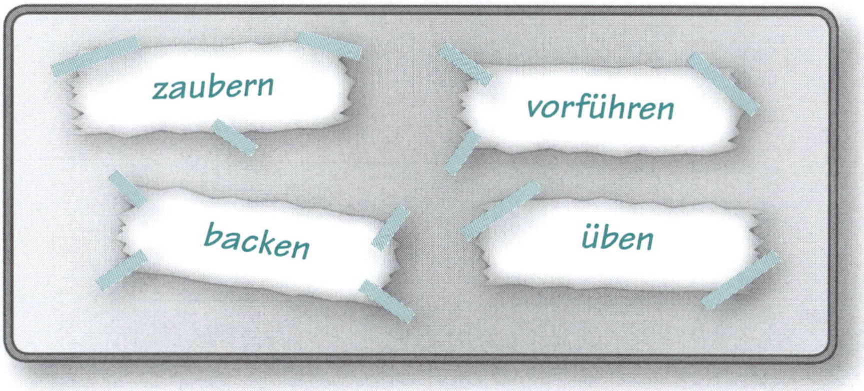

a) Zaubermeister Donnerschlag erteilt am Freitagnachmittag Unterricht im ____________________ von Donnerschlägen und Kugelblitzen.

b) Zum ____________________ der Hexensongs für das Schulfest bitte nächsten Dienstag um 15 Uhr in den Musiksaal kommen.

c) Vom ____________________ unserer Waldbeerentorte sind noch einige Tortenstücke übrig. Bitte in der Hexenküche abholen.

d) Das ____________________ neuer Zauberkunststücke findet nächstes Wochenende bei Vollmond statt.

8 Wörter mit Dehnungs-h

Bei Wörtern mit Dehnungs-h klingt der Vokal (= Selbstlaut) lang.

1. Alle diese Wörter haben ein Dehnungs-h. Lies sie laut vor. Dann hörst du, dass der Vokal lang klingt.

Fahrrad
Kohle
Schuh
Zahn
Huhn
Ohr
Jahr
Stuhl
Uhr
Zahl
ohne
Verkehr
stehlen
Fehler
nehmen
Floh

2. Markiere bei jedem Wort von Übung 1 den Vokal und das Dehnungs-h farbig.

3. Ordne die Wörter von Übung 1 in die Tabelle ein.

ah	**eh**

oh	**uh**

> Auch Wörter mit lang gesprochenem Umlaut haben oft ein Dehnungs-h.

4. Setze die Wortteile sinnvoll zusammen. Schreibe deine Wörter danach auf ein Blatt Papier.

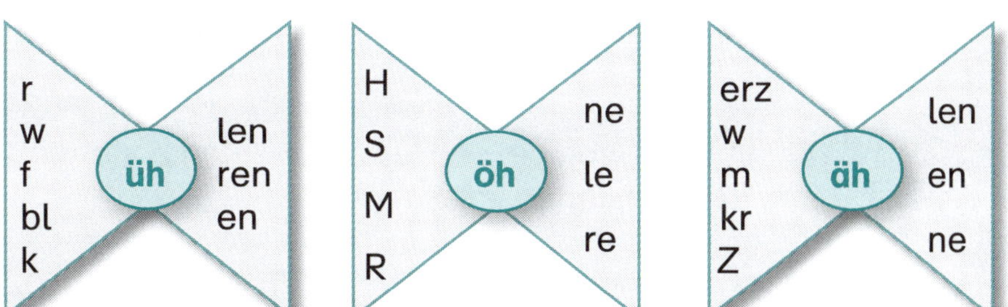

5. Bist du ein Reimprofi? Suche alle Reimwörter, die zusammengehören. Schreibe sie nebeneinander auf die Zeilen.

nähen – stehen – Dohle – gehen – Hohn

wehen – krähen – ~~Zahn~~ – Mohn – Floh

Stroh – Sohle – drehen – Bahn

Lohn – ~~Hahn~~ – Kohle – Sohn – mähen

froh

Zahn – Hahn – ______________________

____

____

____

____

Es gibt nur wenige Wörter mit ih. Merke sie dir gut: ihn, ihr, ihm, ihnen, ihre, ihrem

6. Fülle die Lücken mit einem passenden ih-Merkwort. Achte dabei auf die richtige Form.

a) Die kleine Hexe ist mit ____________ Freundinnen am Silbersee beim Baden.

b) ____________ Papagei ist auch dabei. Sie ruft ____________ zu: „Lora, komm doch ins Wasser!"

c) Lora zögert etwas, doch dann flattert sie los und landet auf dem Kopf ____________ Besitzerin.

d) Annabella streichelt sie und flüstert ____________ ins Ohr: „Tut mir leid. Ich habe vergessen, dass du wasserscheu bist."

e) Da hext sie ____________ Zauberstab herbei und zaubert für Lora eine knallbunte Plastikinsel auf den Silbersee, die ____________ ein sicheres Plätzchen bietet.

f) Annabella winkt ____________ Freundinnen zu und ruft: „Wer hat Lust auf eine kühle Limonade unter Palmen?"

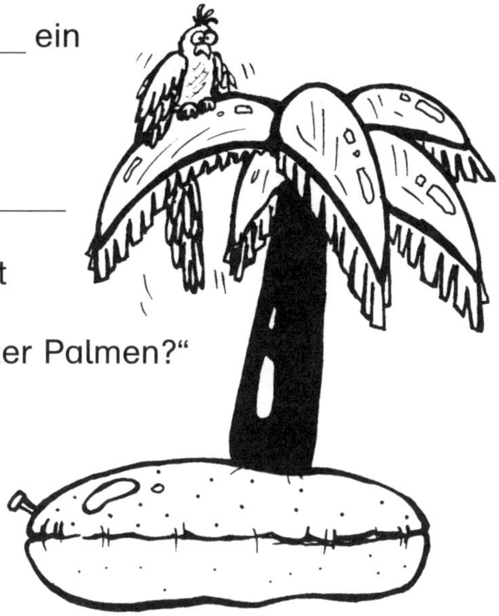

9 Wörter mit ie

Beim ie klingt das i lang: der Riese.

1. Markiere im Gedicht alle Wörter mit ie. Lies sie laut und deutlich vor.

Wenn Riesen niesen!

Sieben Riesen,
die mit bloßen Füßen
über nasse Wiesen liefen,
niesten mit ihren Riesennasen so laut,
dass von diesem Riesenniesen
sieben Wieselkinder,
die in tiefen Zimmern schliefen,
aufwachten
und Gesundheit riefen.

2. Löse die Wörterwelle in einzelne Nomen auf. Schreibe jedes Nomen mit dem bestimmten Artikel auf ein Blatt Papier.

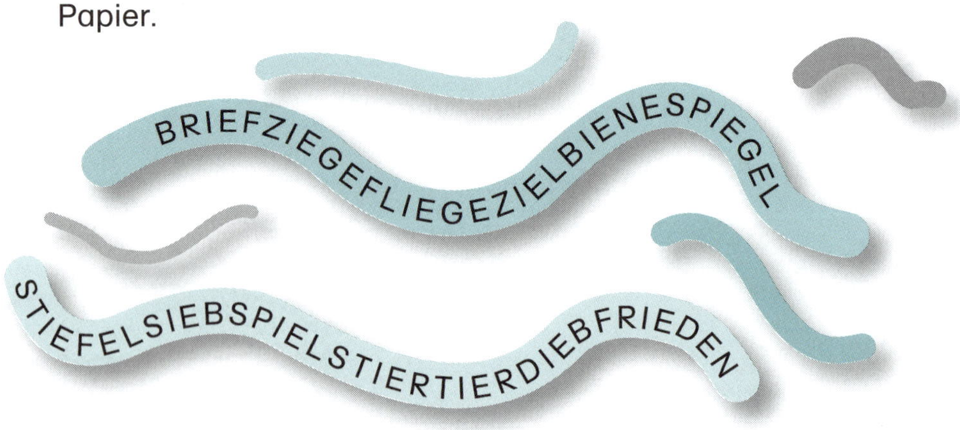

Wenn Riesen niesen!

Sieben Riesen,
die mit bloßen Füßen
über nasse Wiesen liefen,
niesten mit ihren Riesennasen so laut,
dass von diesem Riesenniesen
sieben Wieselkinder,
die in tiefen Zimmern schliefen,
aufwachten
und Gesundheit riefen.

3. Hier haben sich neun Wörter mit ie versteckt. Markiere sie farbig und schreibe sie dann auf die Zeilen. Achte dabei auf die richtige Groß- und Kleinschreibung.

F	R	I	E	R	E	N	A	S	C	H	I	E	F	L
L	I	E	B	E	N	D	N	I	E	M	A	N	D	I
B	E	S	K	O	R	G	B	I	E	G	E	N	C	E
A	S	I	E	G	E	N	K	M	D	H	S	U	V	G
Y	I	L	M	S	C	H	I	E	B	E	N	X	L	E
C	G	N	P	V	X	A	L	K	C	P	R	D	U	N

frieren, ______________________________

____

4. So ein Durcheinander! Bring die Buchstaben in die richtige Reihenfolge und schreibe die Wörter auf ein Blatt Papier.

a)

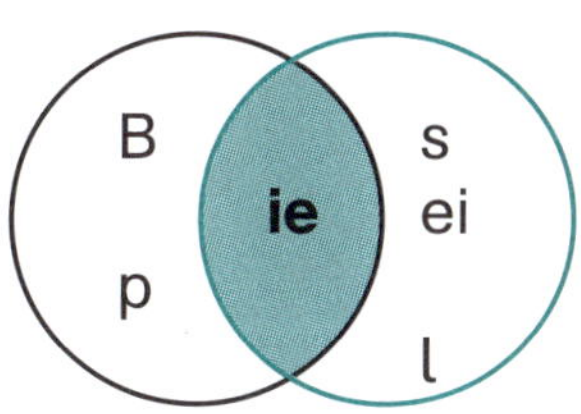

b)

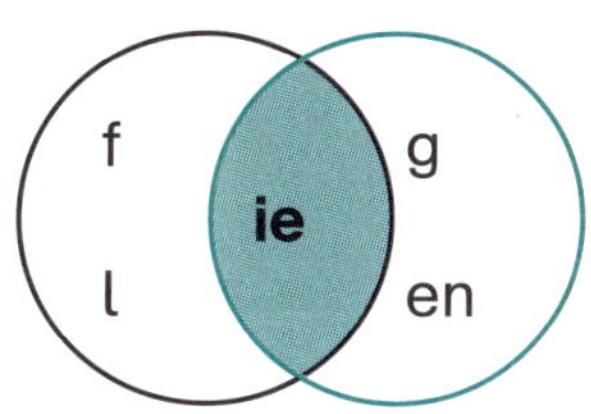

c)

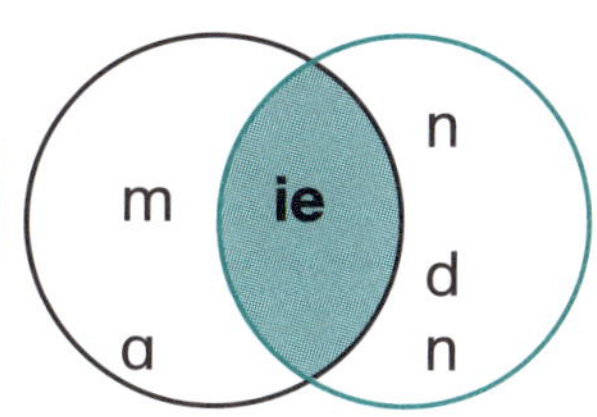

d)

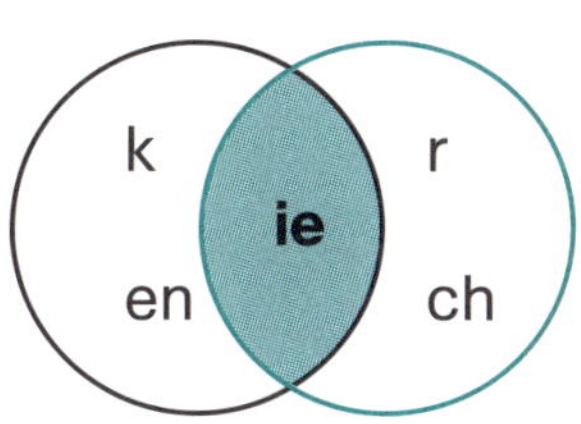

e)

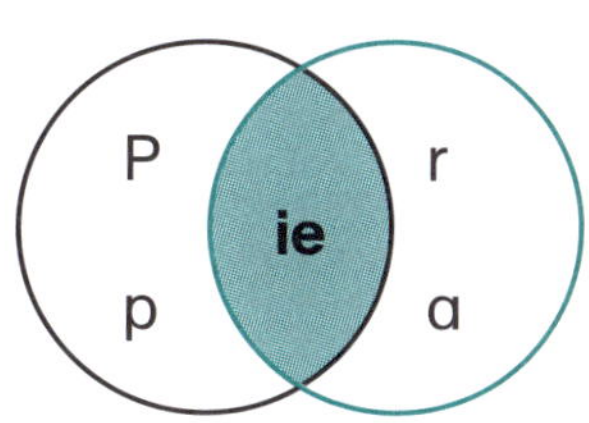

f)

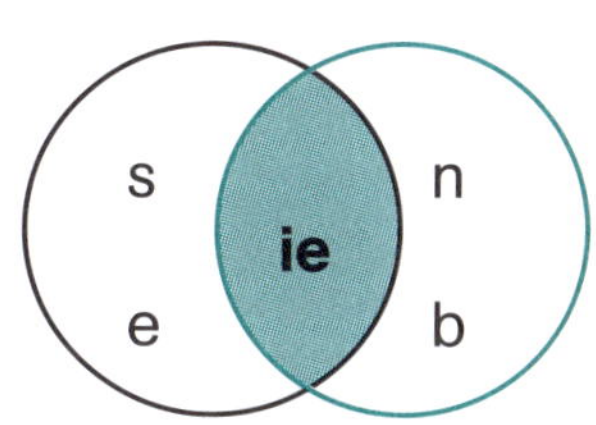

Viele Verben haben die Endung *ieren*. Am besten lernst du die wichtigsten Wörter auswendig:

fotografieren	musizieren	probieren
telefonieren	spazieren	gratulieren
radieren	reparieren	transportieren

5. Suche zu jedem Nomen das verwandte Verb und schreibe es auf die Zeilen.

a) der Fotograf ______________

b) die Musik ______________

c) die Frisur ______________

d) der Marsch ______________

e) die Probe ______________

f) der Transport ______________

Manche Verben enthalten ie in der Vergangenheitsform.

6. Setze die Verben in die Vergangenheit.

a) rufen sie *rief*

b) steigen er ______________

c) schreien es ______________

d) fallen ich ______________

e) schreiben sie ______________

Lass dich von den folgenden Nomen nicht verwirren. Du hörst ein lang gesprochenes i – und dennoch darfst du nicht ie schreiben:

Maschine	Termin	Apfelsine
Benzin	Rosine	Lawine
Kamin	Praline	Medizin
Mandarine	Delfin	Vitamin

7. Ordne die Wörter aus der Liste nach ihren Endungen in die Tabelle ein.

-in	-ine

8. Bilde zusammengesetzte Nomen und schreibe sie mit dem bestimmten Artikel auf ein Blatt Papier.

Quark, Saft, Kuchen, **Apfelsine**, Schale, Getränk, Baum

10 Wörter mit aa – ee – oo

Bei Wörtern mit aa, ee oder oo wird der Selbstlaut lang gesprochen.

1. Löse das Kästchenrätsel.

a)	Ein anderes Wort für Tierpark:		o	o			
b)	Langer, schlangenähnlicher Fisch:	A	a				
c)	Heißes Getränk:		e	e			
d)	Gegenteil von *voll*:		e	e			
e)	Zwei Stück sind ein …		a	a			
f)	Ozean:		e	e			
g)	Gerät, um das Gewicht zu messen:		a	a			
h)	Der Friseur schneidet sie ab:		a	a			
i)	Niederschlag im Winter:					e	e

2. Schreibe die Wörter von Übung 1 auf die Zeilen.

oo ______________________________

aa ______________________________

ee ______________________________

3. Bilde sechs zusammengesetzte Nomen und schreibe sie auf die Zeilen.

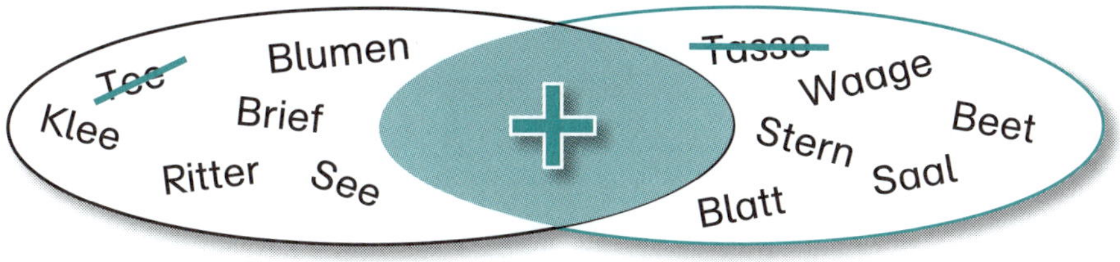

Teetasse, ______________________________

____

4. Bilde fünf zusammengesetzte Adjektive und schreibe sie auf die Zeilen.

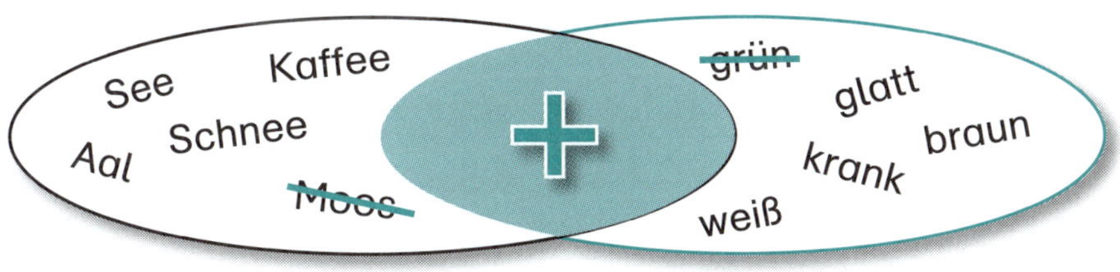

moosgrün, ______________________________

____

5. Ergänze die Lücken mit dem passenden Doppelvokal.

a)	W____ge	h____rig	S____l	P____r
b)	T____	F____	B____re	M____r
c)	Z____	M____s	B____t	M____r

11 Wörter mit Doppelkonsonant

Nach einem kurz gesprochenen Vokal folgt oft ein Doppelkonsonant (= doppelter Mitlaut).

1. Kreise alle Wörter mit tt und pp farbig ein. Lies sie dann laut vor.

Im Mittelalter lebte hier auf dieser Burg Ritter Sigismund von Wetterstein. Als er acht Jahre alt war, kam er in den Dienst des Grafen Hatto von Droppenfels. Zuerst musste er lernen, sich höflich und hilfsbereit zu benehmen. Man lehrte ihm auch das Lesen, Schreiben und Lautespielen. Nach ein paar Jahren wurde Sigismund Knappe. Mit den anderen Knappen übte er sich im Reiten, im Wettlauf, im Klettern, im Schwertkampf und im Speerwurf. Bei jedem Wetter galoppierte der junge Sigismund mit seinem Rappen durch die Wälder. Als er achtzehn Jahre alt war, fand ihm zu Ehren ein Fest statt. Vom Grafen Hatto erhielt er ein doppeltes Geschenk: den Ritterschlag und sein eigenes Ritterschwert. Sein Vater schenkte ihm eine glänzende Rüstung mit dem Wappen der Wettersteins. Der Kettenpanzer wog fast zwanzig Kilogramm und lag schwer auf den Rippen. Die Rüstung war steif und rasselte und schepperte auf Schritt und Tritt, doch rettete sie ihm später bei manchem Abenteuer das Leben.

2. Setze die Wortteile zusammen und schreibe die Wörter auf die Zeilen.

a)

Schi		e
A		e
Karto	**ff**	el
ho		en
scha		en

b)

Rü		el
be		er
Ga	**ss**	e
kü		en
Schlü		el

c)

Ba		er
Ro		en
schmu	**gg**	eln
Do		e
ba		ern

d)

ze		en
kli		en
kna	**rr**	en
knu		en
verwi		en

e)

Bri		e
Ha		e
be	**ll**	en
Ro		er
freiwi		ig

f)

bi		er
Hü		e
Scha	**tt**	en
We		e
kle		rn

3. Probiere aus, welche Doppelkonsonanten in die Lücken passen. Schreibe die Wörter auf die Zeilen.

bb ff ll nn pp tt ss

a) Wo ? e — *Wonne* / *Wolle*

b) Ro ? e — ______ / ______

c) Do ? er — ______ / ______

d) tre ? en — ______ / ______

e) Hü ? e — ______ / ______

f) Ta ? e — ______ / ______

g) wi ? en — ______ / ______

h) bi ? ig — ______ / ______

i) Ma ? e — ______ / ______

j) Wa ? e — ______ / ______

Hat ein Wort mehrere Silben, dann trenne es. So kannst du auch den Doppelkonsonant besser hören: Rit|ter, Fes|sel, ren|nen.

4. Lies die Wörter laut vor und klatsche bei jeder Silbe in die Hände. Markiere alle Trennstellen mit einem farbigen Strich.

flattern
Pfanne
grimmig
irren
Kaffee
fallen
sammeln
hoffen
Rüssel
bekommen
Wasser
Affe
Puppe
Kassette
brummen
knurren
verwirren
vergessen
Stimme
rasseln
Zimmer
Kette
Tasse
Brille
fallen
fesseln
passieren
Tanne

5. Schreibe die Wörter von Übung 4 mit allen Trennstrichen auf ein Blatt Papier. Verwende dabei die normalen Trennstriche: ir-ren.

Bei Wörtern, die nur eine Silbe haben, ist der Doppelkonsonant nicht zu erkennen. Doch hier hilft ein Trick weiter.

Setze Nomen in den Plural:
der Stamm → die Stämme

Denke bei Verben an die Grundform:
es knallt → knallen

6. Schreibe das Nomen zuerst im Singular und dann im Plural auf die Zeilen. Ergänze bei jedem Wort im Plural einen farbigen Strich an der Stelle, wo du das Wort trennen kannst.

a)  *der Kamm, die Käm | me*

b)  ______________________

c)  ______________________

d) 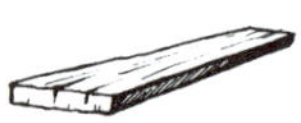 ______________________

e)  ______________________

f)  ______________________

g)  ______________________

7. Welcher Doppelkonsonant fehlt? Ergänze zunächst links ll, mm oder nn. Bilde danach den Infinitiv (= die Grundform) und schreibe das Wort mit allen Trennstrichen rechts daneben auf die Zeile.

a) er ke_nn_t ⬌ _ken-nen_

b) sie ste____t ⬌ ____________

c) er be____t ⬌ ____________

d) sie beko____t ⬌ ____________

e) es bre____t ⬌ ____________

f) er gewi____t ⬌ ____________

g) es fä____t ⬌ ____________

h) sie re____t ⬌ ____________

i) er ko____t ⬌ ____________

8. Ergänze die verwandten Wörter mit dem gleichen Doppelkonsonant.

a) **hoffen** er ho____t, die Ho____nung, ho____entlich

b) **füllen** er fü____te, abfü____en, die Fü____ung

c) **schwimmen** der Schwi____er, das Schwi____bad, sie ist geschwo____en

12 Wörter mit ck

> Klingt der Vokal kurz, folgt immer ck.

1. Welche Wörter tragen die Schnecken in ihren Häusern?

a)

____

b)

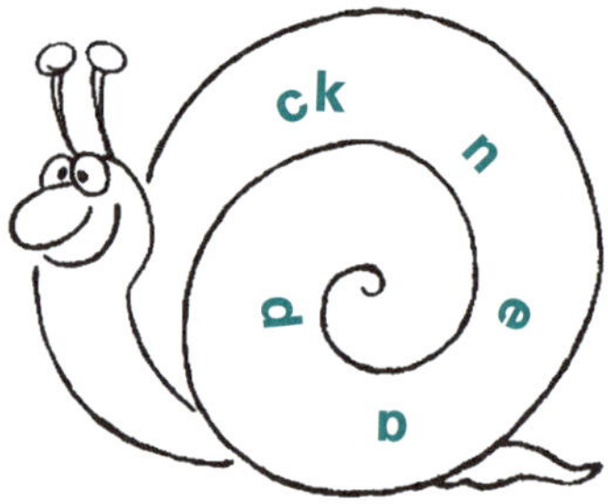

____

c)

____

d)

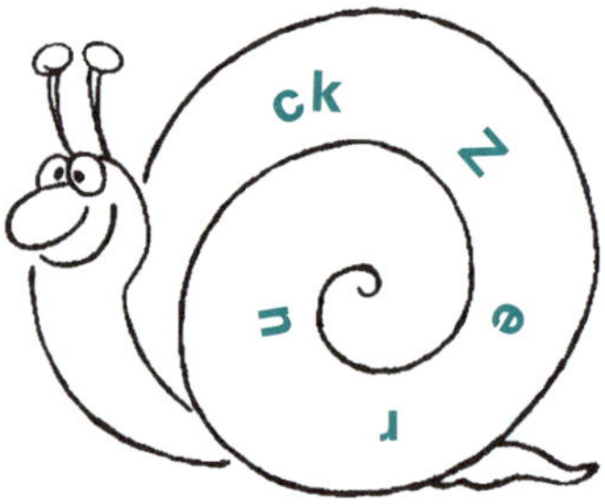

____

e)

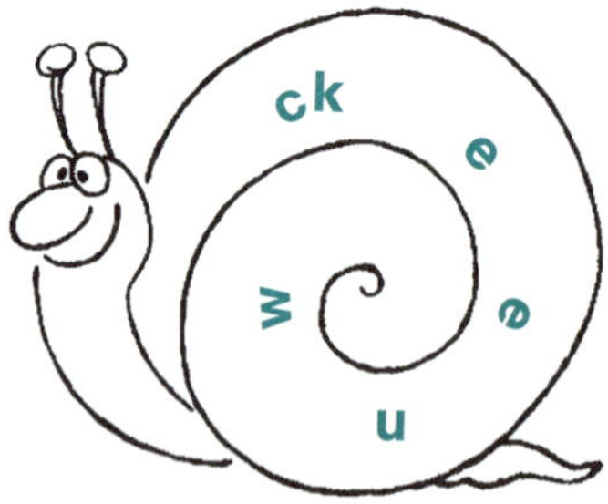

____

f)

____

2. Suche das Gegenteil und schreibe es auf die Zeilen. Jede Lösung muss ck enthalten.

a) rund ____________________

b) nass ____________________

c) dünn ____________________

d) sauber ____________________

e) bekleidet ____________________

3. Ergänze die Lücken so, dass sich alle Wörter in einer Zeile reimen.

a) Rock – St ______ – B ______ – Bl ______

b) drücken – b ______ – schm ______ – pfl ______

c) D ______ – Hecke – Schn ______

d) S ______ – L ______ – Frack

e) Br ______ – Lücke – M ______ – Kr ______

4. Brauchst du k oder ck? Ergänze die Lücken.

a) der Glo ___ enturm

b) der On ___ el

c) die Wollde ___ e

d) die Salatgur ___ e

e) der Feuerschlu ___ er

f) das Wer ___ zeug

g) die Schneeflo ___ e

h) das Kran ___ enhaus

13 Wörter mit tz

Bei Wörtern mit tz kannst du leicht Fehler machen, da du das t nicht richtig hörst. Deutliches Sprechen hilft dir weiter, vor allem bei mehrsilbigen Wörtern, weil sie trennbar sind.

1. Hier entstehen 18 Wörter mit tz. Setze die Buchstaben zusammen und schreibe die Wörter auf die Zeilen.

a)

H, Bl, Sp, Spr, R — **itze**

____
____
____
____
____

b)

Pl, Sch, Sp, S, L — **atz**

____
____
____
____
____

c)

Pf, Sch, M, Gr — **ütze**

____
____
____
____

d)

h, p, w, s — **etzen**

____
____
____
____

2. Fülle die Lücken mit tz.

Die Schulkinder sind entse___t, als sie den Schmu___ am Picknickpla___ liegen sehen. Wie der Bli___ sammeln sie das zerfe___te Fischerne___, die zerrissene Mü___e, den Pu___eimer und die vielen anderen Dinge ein. Auf der Spi___e des Müllbergs liegt eine schwarze Plüschka___e. Die Kinder jammern: „Oh je, das wird eine Arbeit, all den Müll bei dieser Hi___e zum Wertstoffhof zu bringen."

Doch bevor die Kinder mit ihrer Arbeit beginnen, fli___t Anna mit einem Sa___ auf den Müllberg und schnappt sich die Plüschka___e. „Was willst du denn mit dieser schmu___igen Ka___e?", fragt Maxi. „Siehst du denn nicht, dass sogar die Naht schon aufgepla___t ist und die kra___ige Füllwolle herausschaut?" Tro___ig antwortet Anna: „Wenn sie erst frisch gepu___t und genäht ist, wird sie ein tolles Kuscheltier sein. Und vor allem wird sie nie so geschwä___ig und vorlaut sein wie du!"

14 Wörter mit l – n – r

> Nach l, n, r – das ist doch klar,
> steht nie tz und nie ck.

1. Schreibe die Wörter zur passenden Gruppe auf die Zeilen.

Pflanze, scherzen, kurz, Wolke, welk, Gurke, Salz, Volk, salzen, Balken, ganz, funkeln, Marke, Holz, Herz, glänzen, parken, krank, tanzen, Birke, danken, Wurzel, Onkel, stolz

lk | **nk** | **rk**

lz | **nz** | **rz**

2. Ergänze die Lücken mit den passenden Wörtern aus der Wortfamilie.

Verb	**Nomen**	**zusammengesetztes Nomen**
salzen	das Salz	das Salzwasser
____________	____________	der Trinkhalm
glänzen	____________	__________papier
scherzen	____________	__________frage
____________	der Park	__________uhr
____________	der Tank	__________stelle
tanzen	____________	__________partner

Nach au, äu, ei oder eu schreibst du nie tz.

3. Welche Wörter sind miteinander verwandt? Male verwandte Wörter mit der gleichen Farbe aus.

Weizenkorn
Heizung
überkreuzen
Waldkauz
reizen
verheizen
Reiz
Geizhals
reizend
Schnauze
Kauz
Weizen
heizen
Buchweizen
geizig
schnäuzen
Kreuz
Kreuzung
ehrgeizig
Schnauzbart
Käuzchen

4. Schreibe die verwandten Wörter von Übung 3 immer in eine Zeile.

heizen – Heizung – verheizen

15 Wörter mit ss

Nur nach einem kurzen Vokal folgt ss. Genaues Zuhören und Sprechen hilft dir weiter.

1. Ergänze die passenden Reimwörter. Sprich jedes Wort laut. Achte dabei auf den Vokal vor ss.

a) Fluss	b) Fass	c) Tasse
K_______	P_______	G_______
N_______	n_______	Kl_______
Sch_______	H_______	M_______

2. Markiere die zehn Wörter mit ss farbig und schreibe sie auf die Zeilen. Du musst waagrecht und senkrecht lesen.

F	O	R	B	T	N	K	U	S	S
L	P	A	N	A	S	S	P	O	X
U	F	M	E	S	S	E	R	H	A
S	A	D	O	S	L	D	Y	O	S
S	S	M	B	E	S	S	E	R	Y
K	S	W	I	S	S	E	N	L	K
E	S	S	E	N	H	A	S	S	M

Tasse, ____

____

____

3. Ergänze jeweils den Plural des Nomens. Bilde dann selbstständig zusammengesetzte Nomen.

Singular	**Plural**	**zusammengesetztes Nomen**
Schloss	*Schlösser*	*Türschloss*
Nuss		
Tasse		
Sessel		
Kuss		
Schüssel		

4. Ergänze die verwandten Wörter mit ss.

a) **passen** es pa___t, der Reisepa___, verpa___t

b) **essen** ich e___e, das E___en, der E___tisch, e___bar

c) **lassen** du lä___t, die Gela___enheit, zugela___en

d) **messen** er mi___t, die Me___latte, verme___en

e) **vergessen** wir verge___en, die Verge___lichkeit, das Vergi___meinnicht

16 Wörter mit ß

Das ß steht
- nach einem lang gesprochenen Vokal: das Floß
- nach einem lang gesprochenen Umlaut: begrüßen
- oder nach einem Doppellaut: draußen.

1. In dieser Geschichte haben sich 15 Wörter mit ß versteckt. Markiere sie farbig. Lies die Wörter dann laut vor.

Mit großem Fleiß bastelt Luca schon seit einigen Tagen an seinem Floß. Es heißt „Flussperle“. Zusammen mit Sarah und ihrem Freund, dem Raben Theo, möchte er heute eine kleine Floßfahrt machen. „Das ist ja eine Riesenüberraschung!“, ruft Sarah und stößt einen Freudenschrei aus, nachdem sie Luca begrüßt hat. Schon geht die Reise los. Welch ein Spaß! Ruhig fließt das Wasser dahin. Sarah genießt die Fahrt und lässt ihre Füße im klaren Wasser baumeln. Keiner bemerkt, wie hinter dem Tannenwald dicke Gewitterwolken aufziehen. Kaum hat Luca den ersten Blitz am Horizont bemerkt, fängt es schon zu regnen an. Das Floß schießt in stürmischer Fahrt den Fluss hinunter. „Halt dich bloß gut fest!“, ruft Luca seiner Freundin zu, die sich am Mast festklammert. „Wir haben bald das sichere Ufer erreicht“, meint Luca. Weiß vor Angst ruft Sarah: „Wo ist Theo? Er wird doch nicht ins Wasser gefallen sein?“

2. Schreibe alle 15 Wörter mit ß aus Übung 1 auf die Zeilen. Markiere den Laut davor und den Buchstaben ß farbig.

____

____

____

____

3. Setze die Wörter zusammen und schreibe sie zur passenden Gruppe auf die Zeilen.

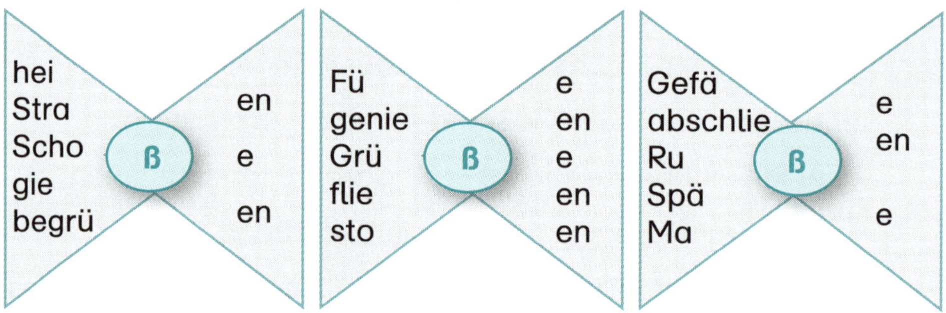

ß nach langem Vokal	**ß nach langem Umlaut**	**ß nach Doppellaut**
____________	____________	____________
____________	____________	____________
____________	____________	____________
____________	____________	____________
____________	____________	____________

17 Schwierige Verbformen mit ss – ß

Bei manchen Verben wechselt die Schreibweise von ss und ß, wenn du sie in die Vergangenheit setzt.
Denke immer an die Regeln:
- ss steht nur nach einem kurzen Vokal.
- ß steht nach langem Vokal, Umlaut oder Doppellaut.

1. Lies den Text durch und achte besonders auf die farbigen Verben.

Der Rabe Theo hat die gefährliche Lage erkannt. Er **beschließt**, heimlich **auszureißen** und Hilfe zu holen. Theo **weiß**, dass hier nur der Zauberer Donnerschlag helfen kann. Dieser **schließt** gerade wegen des Sturms seine Fenster, als Theo in wildem Flug **heranschießt**.

„Bitte kommen Sie doch mit, Sie müssen Luca und Sarah retten! Beeilen Sie sich!" Vor lauter Aufregung **reißt** sich Theo ein paar Federn aus. Im Nu sitzt Donnerschlag auf seinem Luftfahrrad und braust dem Raben hinterher. Immer noch **gießt** es in Strömen. Luca und Sarah treiben hilflos auf dem reißenden Fluss dahin. Genau über ihnen hält Donnerschlag an und **lässt** ein dickes Tau hinunter. Geschwind klettern die beiden Floßfahrer zu Donnerschlag hinauf. Gerettet!

Sarah **schließt** Theo überglücklich in ihre Arme. „Wie froh bin ich, dass dir nichts passiert ist!", ruft sie aus. „Natürlich ist mir nichts passiert, wer hätte denn sonst Hilfe holen sollen?", antwortet der Rabe stolz. „**Vergiss** aber nicht, dich bei Donnerschlag zu bedanken. Ohne ihn hätte euer Abenteuer schlimm enden können!"
„Danke, vielen Dank für die Rettung, lieber Donnerschlag!", ruft Sarah aus.

2. Am nächsten Tag erzählt Sarah ihrer Tante von Theos mutiger Rettungsaktion. Füge die Vergangenheitsformen der Verben in die einzelnen Sätze ein.

heranschoss **beschloss** **schloss** **goss** **wusste** **ließ**

a) Er ________________, heimlich auszureißen und Hilfe zu holen.

b) Der Rabe ________________, dass hier nur der Zauberer Donnerschlag helfen konnte.

c) Donnerschlag ________________ gerade wegen des Sturms die Fenster, als Theo in wildem Flug ________________.

d) Immer noch ________________ es in Strömen.

e) Donnerschlag ________________ ein dickes Seil hinunter.

3. Welche drei Verbformen gehören zusammen? Trage sie in die Tabelle ein.

sie vergaß
er hat gerissen
wir haben gestoßen
er beißt
~~er wusste~~
er reißt
ich habe geschlossen
er riss
wir stießen
er biss
sie hat vergessen
~~er hat gewusst~~
sie vergisst
~~er weiß~~
er hat gebissen
er isst
er aß
wir stoßen
ich schloss
ich schließe
er hat gegessen

Präsens (Gegenwart)	Präteritum (1. Vergangenheit)	Perfekt (2. Vergangenheit)
er weiß	*er wusste*	*er hat gewusst*

18 Die Konjunktion *dass*

Die Konjunktion (= das Bindewort) *dass* wird immer mit ss geschrieben, weil der Vokal a kurz gesprochen wird. Vergiss auch nicht, vor *dass* ein Komma zu setzen.

1. Ergänze die Lücken durch die Konjunktion dass.

„Wie froh bin ich, _______ Sie uns gerettet haben!“, ruft Luca Donnerschlag erleichtert zu. „Ich hatte schon Angst, _______ wir das Ufer nicht rechtzeitig erreichen könnten.“ Sarah unterbricht ihn mit einem lauten Niesen. „Ich hoffe nur, _______ ihr beiden Abenteurer morgen nicht mit Fieber und Halsschmerzen im Bett liegt!“, krächzt Theo. „Vielleicht hat Donnerschlag einen wärmenden Kräutertee, der euch vor einem riesigen Schnupfen bewahrt!“ Doch Donnerschlag antwortet nicht. Während er zur Landung ansetzt, murmelt er: „Ich muss euch gestehen, _______ ich an eurer gefährlichen Floßfahrt schuld bin. Ich habe einen Wetterzauber ausprobiert und nicht gewusst, _______ ihr unterwegs seid. Ich verspreche euch, _______ ich morgen für euch bestes Wetter zaubere. Und als Entschädigung werdet ihr auf eurem Floß noch eine kleine Überraschung finden!“

2. Schreibe die Purzelsätze richtig auf die Zeilen. Denke dabei an das Komma vor *dass*.

a)

hat gehört kommt dass Lisa in die Stadt ein Zirkus

Lisa hat gehört, dass ein Zirkus in die Stadt kommt.

b)

Johannes so hell dass leuchtet dass ist erstaunt der Komet

____

____

____

c)

verspricht Vater dass besuchen werden das Ritterturnier sie Christian nächstes Wochenende

____

____

____

d)

Moritz fürchtet am Samstag dass
das Fußballspiel ausfallen muss

e)

besuchen darf sie dass hofft
Sophie ihre Großeltern in den Ferien

f)

ein Seepferdchen Kathrin dass erzählt
sie beim Tauchen gesehen hat

19 Wortfamilien

Alle Wörter einer Wortfamilie haben den gleichen Wortstamm. Er hilft dir, alle verwandten Wörter richtig zu schreiben: Wortstamm **schwimm → Schwimmreifen, Schwimmbad, Schwimmerin, wegschwimmen**

1. Immer vier Wörter gehören zu einer Wortfamilie. Ergänze die drei fehlenden aus dem Kasten und schreibe sie auf die Zeilen. Unterstreiche bei jedem Wort den Wortstamm.

Sammlung
wegschwimmen
Reitstall
versammelt
Schwimmreifen
verspielt
Spielplatz
Reitpferd
Schwimmbad
Spielzeug
aufsammeln
zureiten

sammeln

spielen

reiten

schwimmen

2. Suche zu jedem Wortstamm fünf Wörter aus der jeweiligen Wortfamilie und schreibe sie auf die Zeilen.

a) Finde fünf Wörter zum Wortstamm **renn**.

____

____

b) Finde fünf Wörter zum Wortstamm **dien**.

____

____

c) Finde fünf Wörter zum Wortstamm **putz**.

____

____

Bei einer großen Wortfamilie verändert sich manchmal ein kleiner Teil im Wortstamm:
fl**ie**gen → Fl**u**gzeug, er fl**o**g.
Trotzdem gehören die Wörter zur selben Wortfamilie.

3. Die Wortfamilie *fliegen* ist riesengroß. Bilde möglichst viele Wörter und schreibe sie zur passenden Gruppe auf die Zeilen. Achte dabei auf die richtige Groß- und Kleinschreibung.

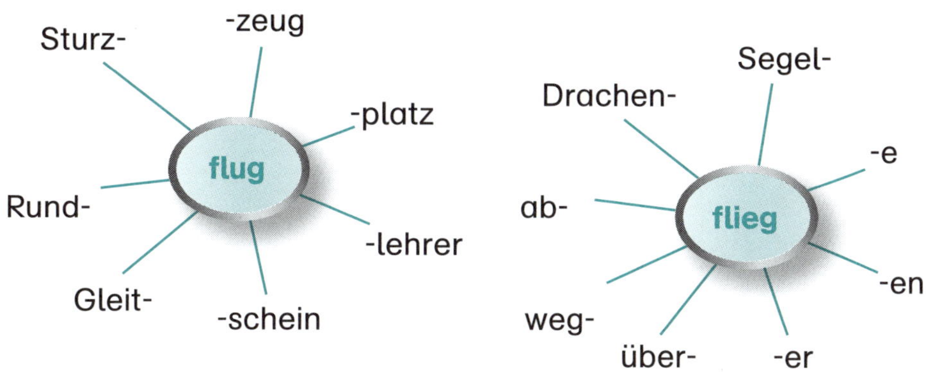

Nomen

____

____

____

____

____

____

____

Verben

____

____

____

4. Diese Wörter gehören alle zur Wortfamilie *fallen*. Ergänze die Lücken.

Entscheide, ob du den Wortstamm *fall* oder den Wortstamm *fäll* einsetzen musst.

a) ge_______en

b) die Ge_______igkeit

c) der Zu_______

d) der Ab_______

e) der Bei_______

f) an_______ig

g) die Un_______e

h) ein_______en

i) auf_______en

j) zu_______ig

5. Setze passende Wörter aus der Wortfamilie *fallen* in die Lücken ein.

a) Der Biber will einen Baum für seinen neuen Bau

________________.

b) Nach dem Konzert spenden die Zuhörer tosenden

________________.

c) Der Müllwagen ist mit ________________ beladen.

d) Auf dem Sportplatz trifft Vater ________________ seinen alten Schulfreund wieder.

20 Sp / sp und St / st am Wortanfang

Bei Wörtern mit St / st sprichst du scht, aber schreibst St / st:
der Stier, stark.

Ähnliches gilt auch für Wörter mit Sp / sp am Wortanfang:
der Spaß, springen.

1. Lies den Text laut vor. Sprich die farbigen Wörter besonders deutlich aus.

Ob Donnerschlag wohl sein Versprechen einhält? Tatsächlich: Sarah und Luca haben am nächsten Tag wirklich angenehmes Segelwetter – und zwischen den Tellern im Picknickkorb findet Luca zwei Eintrittskarten für den Zirkus Manzarelli. Am gleichen Abend **starten** die Kinder. Auf der **Straße** vor dem Zirkuszelt kommt ihnen ein Clown auf langen **Stelzen** entgegen. Theo ist gar nicht wohl, als dieser Riese ihm über das Federkleid **streicht**. Im Zelt warten die Zuschauer voller **Spannung** auf den Beginn der Vorstellung. Manege frei!

2. Lies die Wörter laut vor. Schreibe sie dann zur passenden Gruppe auf die Zeilen.

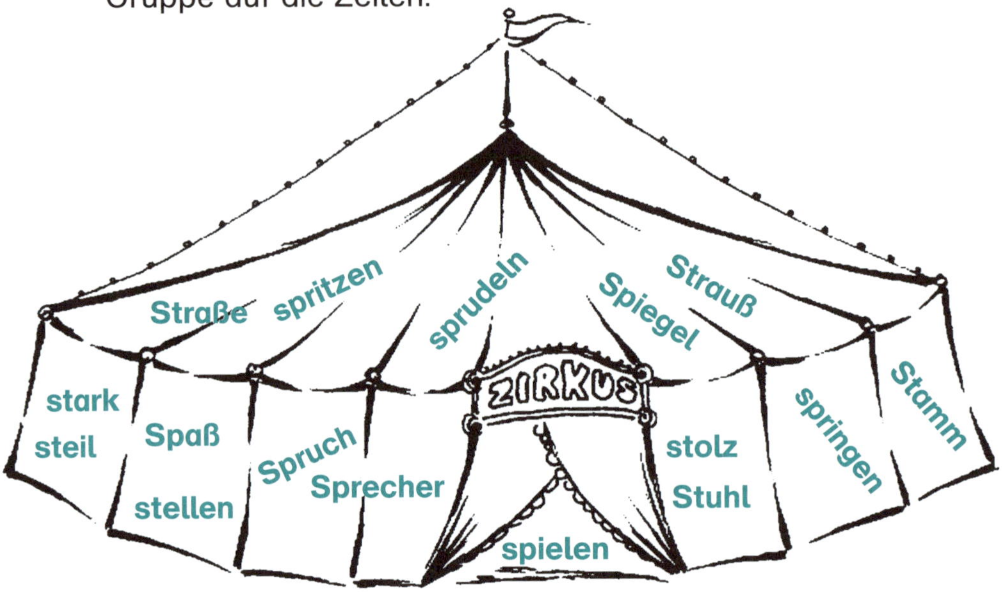

Wörter mit St / st	**Wörter mit Sp / sp**
________________	________________
________________	________________
________________	________________
________________	________________
________________	________________
________________	________________
________________	________________
________________	________________

3. Im Nu hast du je neun Nomen mit Sp und St gebildet. Schreibe sie mit dem bestimmten Artikel auf die Zeilen. Lies zum Schluss alle Wörter laut vor.

a)

Sp

iegel | inat

ange | alte | echt

eicher | ende | erling | inne

b)

St

ecker | ern

ein | empel | elle

eppe | ich | iefel | ift

4. Ergänze die Lücken bei den verwandten Wörtern mit St / st oder Sp / sp.

a) sprechen

er __richt	der __ruch	die Fremd__rache

b) spritzen

er __ritzt	die __ritze	__ritzig

c) streiten

er __reitet	der __reit	zer__ritten

d) spielen

er __ielt	das Brett__iel	ver__ielt

e) stechen

er __icht	der Mücken__ich	ge__ochen

f) stricken

er __rickt	die __ricknadel	ver__rickt

21 Wörter mit eu – äu

Die Laute eu und äu klingen gleich. Hier hilft dir beim Schreiben ein Trick. Ein Wort wird mit äu geschrieben, wenn es ein verwandtes Wort mit au gibt:

träumen ⬌ der Traum
häufig ⬌ der Haufen
der Räuber ⬌ rauben

1. Hier sind immer zwei Wörter miteinander verwandt. Verbinde sie mit einer farbigen Linie.

die Verkäuferin	der Raum
das Gebäude	der Bauer
räumen	verkaufen
die Bäuerin	bauen
säubern	sauber
Säugling	laut
läuten	das Haupt
Häuptling	saugen

2. Schreibe jeweils ein verwandtes Wort mit au auf die Zeilen.

a) säuerlich *sauer*

b) der Läufer ________

c) läuten ________

d) schäumen ________

Es gibt nur wenige Wörter mit eu. Am besten prägst du dir die folgenden Wörter gut ein.

die Leute	keuchen	neu
das Feuer	heulen	feucht
der Freund	leuchten	teuer
das Kreuz	sich freuen	heute

3. Schau dir die linke Spalte mit den Nomen genau an und merke sie dir. Decke dann die Wörter ab und schreibe sie auf die Zeilen.

____

____

4. Schau dir die mittlere Spalte mit den Verben genau an und merke sie dir. Decke dann die Wörter ab und schreibe sie auf die Zeilen.

____

____

5. Schau dir die Wörter der rechten Spalte genau an und merke sie dir. Decke dann die Wörter ab und schreibe sie auf die Zeilen.

____

____

6. Welche Wörter sind miteinander verwandt? Schreibe jede Wortgruppe auf eine Zeile.

der Leuchtturm | freundlich | das Kreuz
feurig | die Kreuzung | der Freund
feucht | überkreuzen | befeuchten
das Feuer | neugierig | leuchten
befreundet | anfeuern | neu
die Neuigkeit | die Freundschaft | beleuchten

das Feuer, feurig, anfeuern

7. Ein kniffliges Rätsel! Trage die Antworten in die Kästchen ein. Jedes Lösungswort enthält entweder eu oder äu. Verwende die normale Groß- und Kleinschreibung.

a) Ein Raubvogel, der nachts im Wald auf Jagd geht: | *E* | *u* | *l* | *e* |

b) Das Gegenteil von *alt* heißt . . . ☐☐☐

c) Was liegt zwischen gestern und morgen? ☐☐☐☐☐

d) Das Gegenteil von *billig* heißt . . . ☐☐☐☐☐

e) Ein anderes Wort für *Dieb*: ☐☐☐☐☐☐

f) Die Frau des Bauern ist die . . . ☐☐☐☐☐☐☐

g) Was gibt es an Silvester um Mitternacht? ☐☐☐☐☐☐☐☐☐

h) Der Chef eines Indianerstammes: ☐☐☐☐☐☐☐☐☐

i) Turm, der Schiffen den Weg in den Hafen zeigt: ☐☐☐☐☐☐☐☐☐☐

22 d – t am Wortende

Wenn du nicht genau weißt, ob du ein Wort am Ende mit d oder t schreiben musst, dann verlängere es bei Nomen durch den Plural. So hörst du den Buchstaben deutlicher:

das Brot → die Brote
der Wald → die Wälder

1. Du kannst zwanzig Treffer erreichen, wenn es dir gelingt, d oder t richtig zu ergänzen. Bilde vorher bei jedem Wort im Kopf die Mehrzahl.

Duf	Lie	Fahr	Hel
Lan	Stran	Freun	Or
Hem	Wel	Boo	Ax
Pfer	Hu	Wor	Kin
Bil	Drah	Tex	Mark

2. Schreibe die Wörter von Übung 1 im Plural auf ein Blatt Papier.

Um d oder t bei Adjektiven genau zu hören, setzt du am besten ein Nomen mit bestimmtem Artikel dazu:
wild → das wilde Pferd

3. Verlängere die Adjektive. Das erste Beispiel zeigt dir, wie du es machen sollst.

a)	zar *t*	Fleisch	*das zarte Fleisch*
b)	bun	Papagei	
c)	kal	See	
d)	frem	Gast	
e)	gu	Hexe	
f)	ro	Fahrrad	
g)	run	Mond	
h)	har	Brot	
i)	gesun	Zahn	
j)	blon	Fee	
k)	blin	Maulwurf	

23 g – k am Wortende

Wenn du nicht genau weißt, ob du ein Wort am Ende mit g oder k schreiben musst, dann verlängere es bei Nomen durch den Plural. So hörst du den Buchstaben deutlicher:
der Berg → die Berge

1. Du kannst zwölf Treffer erreichen, wenn es dir gelingt, g oder k richtig zu ergänzen. Bilde vorher bei jedem Wort im Kopf die Mehrzahl.

Zu__ Käfi__ We__
Ta__
Techni__ Flu__
Flugzeu__
Ban__
Zwer__
Vol__ Fabri__
Wer__

2. Schreibe die Wörter von Übung 1 im Plural auf ein Blatt Papier.

Um g oder k bei Adjektiven genau zu hören, setzt du am besten ein Nomen mit bestimmtem Artikel dazu:
flink → der flinke Jaguar

3. Verlängere die Adjektive. Überlege dir passende Nomen. Das erste Beispiel zeigt, wie du es machen sollst.

a) schmutzi *g* *die schmutzige Hose*

b) blan ___

c) gifti ___

d) star ___

e) klu ___

f) schlan ___

g) kran ___

h) flin ___

i) fetti ___

j) drecki ___

k) vorsichti ___

l) wel ___

24 Wörter mit V / v

Der Buchstabe v wird manchmal
wie f gesprochen:
der Verkehr, brav
Bei anderen Wörtern wird der
Buchstabe v wie w gesprochen:
die Vase, nervös

1. Lies alle Wörter laut und deutlich vor. Achte darauf, wie der Buchstabe v klingt. Schreibe dann die Wörter zur passenden Gruppe auf die Zeilen.

Vase Vogel Pullover Vulkan Video
Verkehr nervös voll davon Violine
brav Versteck verschenken Serviette

V / v wie w gesprochen

V / v wie f gesprochen

2. Ergänze die Lücken durch passende Wörter aus der Übung 1. Manchmal musst du diese Wörter im Plural verwenden.

a) Valentin stellt Annas Blumen in die

_________________________.

b) Eva spielt auf der _________________________ wilde

Tanzmusik.

c) Claudia trägt einen selbst gestrickten

_________________________.

d) Florian kauft einen spannenden _________________________

auf DVD.

e) Veronika hat für den Mittagstisch _________________________

gefaltet.

f) Tim freut sich sehr über das Buch mit Feuer speienden

_________________________.

g) Linus baut mit seinem Vater einen Nistkasten für

_________________________.

h) Mia hortet ihre Schätze in einem

geheimen _________________________

auf dem Dachboden.

3. Setze die Silben in der Pyramide zu sinnvollen Wörtern zusammen. Die Silben ergeben insgesamt sieben Wörter. Schreibe sie auf die Zeilen.

~~kan~~

ve | Veil

Va | Pul | chen

Kur | vier | Kla

~~Vul~~ | gel | ver | Vo | se

Vulkan, ______________________________

____

4. Wagst du dich an diese Silbenpyramide? Hier musst du mehr als zwei Silben zu einem Wort zusammenfügen. Es entstehen insgesamt fünf Wörter.

Vi

brot | ta

blüf | min | lo

Voll | ~~Ser~~ | Pul | fen

~~vi~~ | ver | korn | ~~et~~ | ver | ~~te~~

Serviette, ______________________________

____

Merke dir die beiden Vorsilben *ver* und *vor* gut. Hier sprichst du f, musst aber v schreiben:
verkleiden, Versuch, vorspielen, Vorteil

5. Bilde aus der Vorsilbe *ver* und den angegebenen Wörtern neue Verben. Schreibe sie auf die Zeilen.

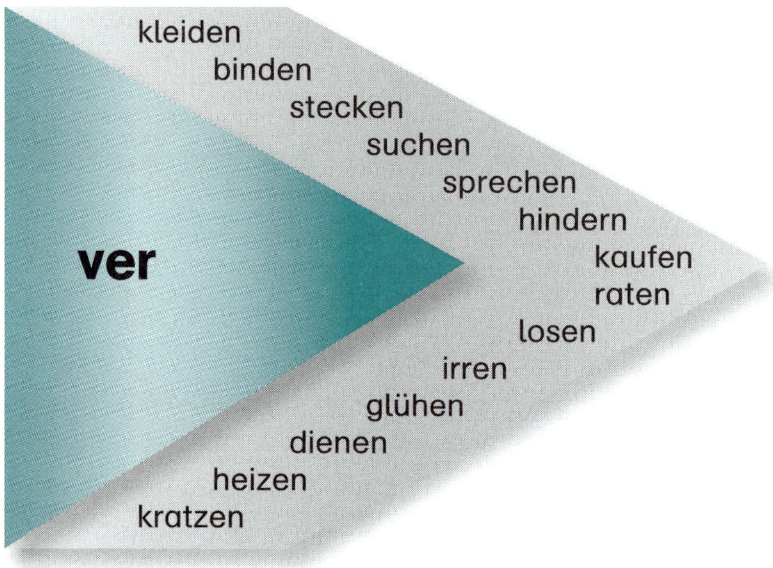

6. Bilde aus der Vorsilbe *Vor* und den angegebenen Wörtern neue Nomen. Schreibe sie mit dem bestimmten Artikel auf die Zeilen.

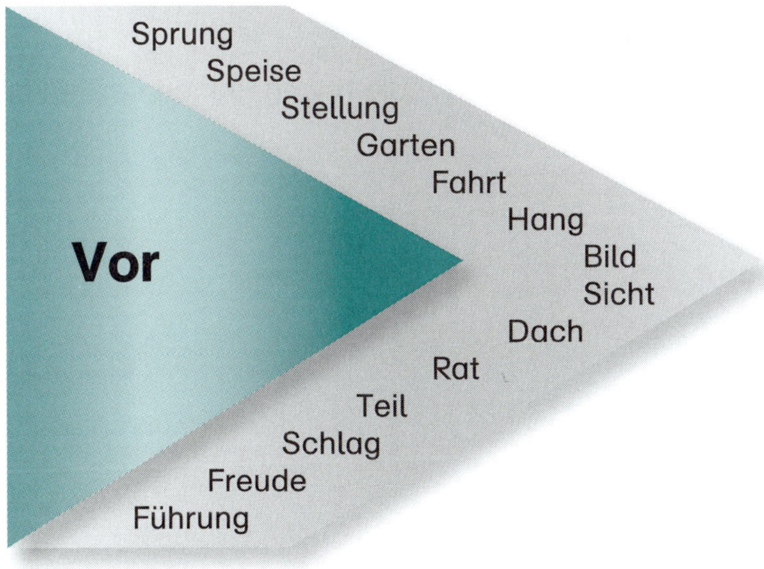

Innerhalb eines Satzes kann die Vorsilbe *vor* etwas entfernt vom zweiten Teil des Verbs stehen: Anna **schlägt** einen Ausflug **vor**.

7. Ergänze die Sätze durch die angegebenen Verben im Präsens (= Gegenwart).

a) **vorbereiten**

Vater ______________ ein Festessen _____.

b) **vorsingen**

Der Babysitter ______________ der kleinen Luisa ihr Lieblingslied _____.

c) **vorlesen**

Lena ______________ ihrer Freundin eine Gutenachtgeschichte _____.

d) **vorführen**

Der Zauberer Ronny ______________ einen neuen Trick _____.

e) **vorhaben**

„Was ______________ du morgen _____?“, möchte Malte wissen.

f) **vorschlagen**

„Komm mit mir ins Kino!“, ______________ Leander _____.

8. Brauchst du vor oder ver? Ergänze die passende Vorsilbe.

a) In der Räuberhöhle liegt ein _____borgener Schatz.

b) Beim Wettrennen hat Bernd einen großen _____sprung.

c) _____sicht! Bissiger Hund!

d) Die Sternschnuppe _____glüht am Himmel.

e) Tante Christine bereitet Lisas Geburtstagsfeier _____.

f) Jochen _____kauft sein altes Skateboard.

g) Die Zirkus_____stellung ist aus_____kauft.

9. Brauchst du F / f oder V / v? Ergänze die fehlenden Buchstaben.

a) der ___ernseher

b) die ___erkehrsampel

c) ___erlieren

d) ___erbrannt

e) die Zirkus___orstellung

f) die ___erien

g) ___orschlagen

h) die ___orfahrt

i) die ___orsicht

j) ___ein

Vorsicht, Falle: *fiel* oder *viel*?

Er fiel und *sie fielen* ist die Vergangenheit von *fallen*: Er fiel auf den Boden.
Viel, viele, vieles bezeichnet eine Menge: Anna hat viele Sticker in ihrem Album.

10. Brauchst du *fiel* oder *viel*? Ergänze die Lücken.

a) Moritz hat seine Gäste zu einer Schnitzeljagd eingeladen. Er hat sich __________ Mühe bei der Vorbereitung gegeben.

b) Auf einem Hinweisschild stand: „Sammelt möglichst __________ trockenes Holz!“

c) Sophie __________ bei der Suche nach Holz beinahe in den Eingang eines Dachsbaus.

d) Das Sammeln von Holz machte den Kindern __________ Spaß.

e) Sie legten das Holz auf einen großen Haufen, der fast um__________.

f) Wozu braucht Moritz eigentlich so __________ Holz?

g) Sophie __________ es plötzlich wie Schuppen von den Augen: Das wird bestimmt ein Lagerfeuer geben!

25 Wörter mit Qu / qu

1. Löse das Rätsel: Alle Wörter beginnen mit Qu oder qu. Schreibe die Lösungen in normaler Groß- und Kleinschreibung in die Kästchen.

a) Wo entspringt ein Fluss?

b) Wie nennt man dicken Rauch?

c) Was tun Frösche?

d) Wie nennt man ein Ratespiel?

e) An welchem Meerestier kannst du dich brennen?

f) Wie nennt man ein Viereck mit vier gleichen Seiten?

g) Was tun kleine Ferkel, wenn sie laut schreien?

h) Ein anderes Wort für *schräg* ist . . .

2. In jeder Buchstabenreihe hat sich ein Wort mit Qu oder qu versteckt. Markiere es farbig. Schreibe es dann in normaler Groß- und Kleinschreibung auf die Zeile. Bei einem Nomen ergänzt du den bestimmten Artikel.

a) LOAESQUADRATSE *das Quadrat*

b) VORESIMQUARKLU ______

c) SIRTLIEQUIRLXELM ______

d) VERQUECKSILBER ______

e) ABEQUIZVERLAZB ______

f) ERSTUQUALMVORS ______

g) BERIESQUELLESAN ______

h) AVERSQUALLETUNG ______

i) BESQUIEKENEBEFS ______

j) VORAQUERGURESL ______

k) AQUATSCHLIKZULP ______

l) ABQUÄLENÜPTUIOM ______

m) MIFIQUALITÄTSPÖM ______

n) QUARTIERSTZIMNB ______

o) STRUQUADERLSRH ______

3. Juxsätze machen Spaß! Ergänze Qu oder qu.

a) _____ietschvergnügte _____älgeister _____asseln _____atsch.

b) _____er zur _____elle _____ieken und _____ietschen _____akende _____älgeister.

4. Nur sechs Wörter mit Qu / qu passen. Wähle die richtigen aus und schreibe sie in die Kästchen.

quasseln
Qualm
Quark
Quelle
quengeln
Quader
quetschen
Quiz
Quadrat
quietschen
Quälgeist
quer

a)

b)

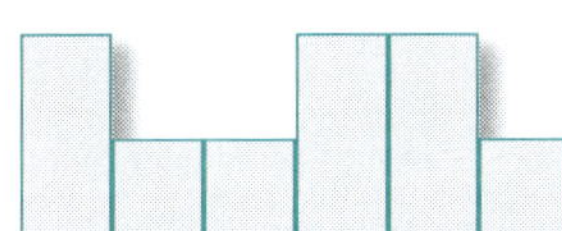

c)

d)

e)

f)

26 Der x-Laut

Es gibt wenige Wörter, die mit X / x geschrieben werden. Präge dir die wichtigsten gut ein:

Xylofon	Lexikon	mixen	verflixt
Taxi	Praxis	boxen	maximal
Hexe	Axt	Fax	faxen

1. Nur acht Merkwörter mit x passen. Wähle die richtigen aus und schreibe sie in die Kästchen.

a)

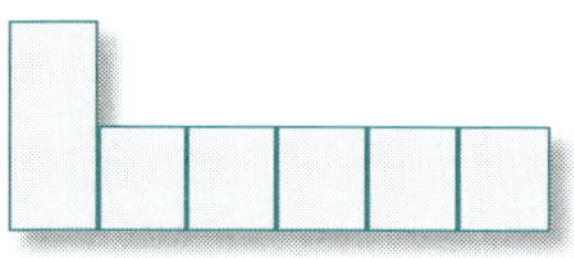

b)

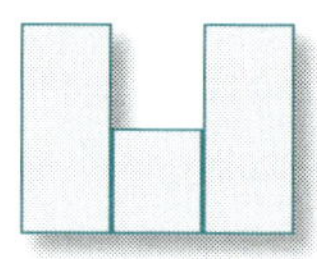

c)

d)

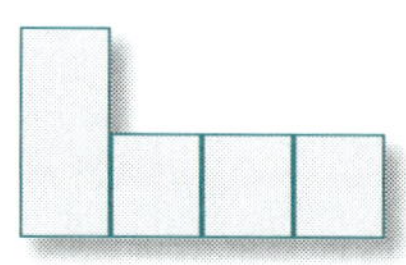

e)

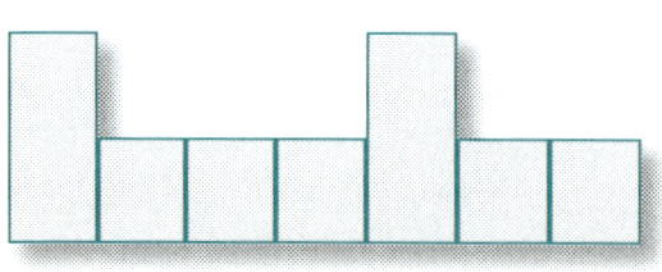

f)

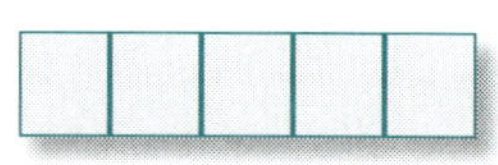

g)

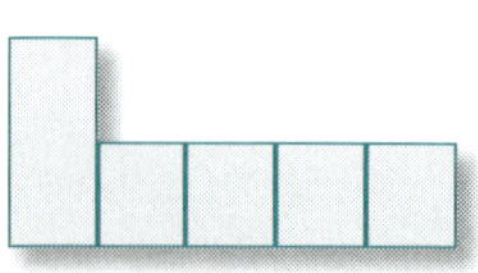

h)

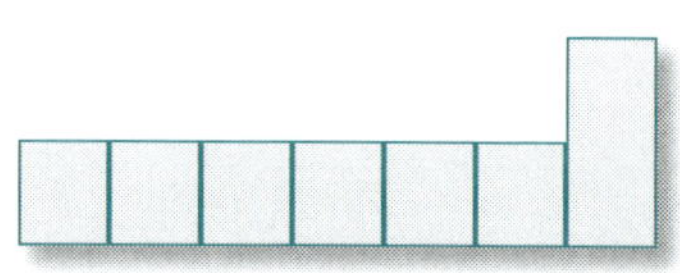

Es gibt Buchstabenkombinationen, die wie x gesprochen werden:

chs → der Fuchs
cks → der Klecks
gs → vormittags

2. Knacke die Rätsel. Schreibe die Lösungen mit dem bestimmten Artikel auf die Zeilen.

a)

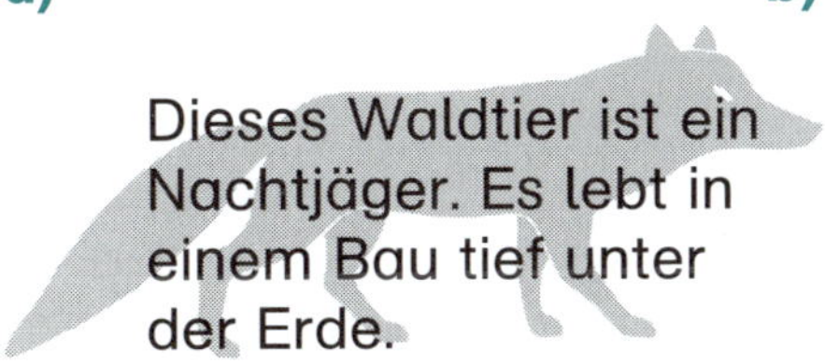

Dieses Waldtier ist ein Nachtjäger. Es lebt in einem Bau tief unter der Erde.

____

b)

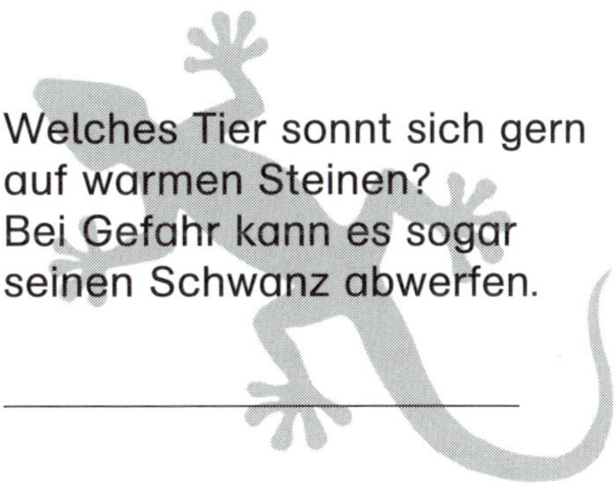

Welches Tier sonnt sich gern auf warmen Steinen? Bei Gefahr kann es sogar seinen Schwanz abwerfen.

____

3. Schreibe passende Reimwörter, die mit L und W beginnen, auf die Zeilen.

a) Fuchs

____

____

b) Dachs

____

____

4. Schreibe die Zahlen als Zahlwörter in Buchstaben auf die Zeilen. Lass dir dabei Zeit, damit du keine Buchstaben vergisst.

a) **6**

____

b) **26**

____

c) **606**

____

d) **6056**

____

5. Bilde aus den angegebenen Teilen mindestens zwölf Wörter der Wortfamilie *wachsen*. Schreibe sie auf die Zeilen.

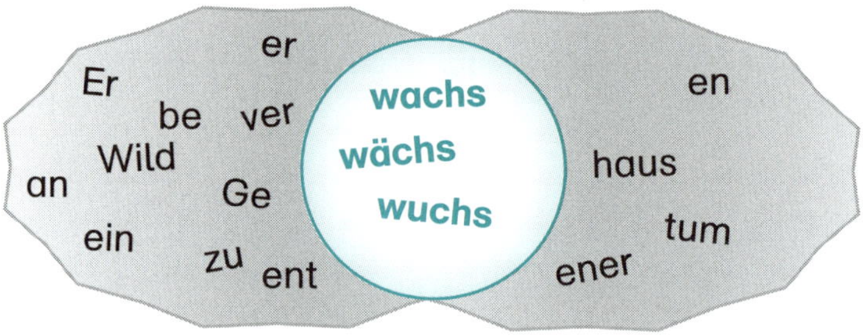

____

____

____

6. Finde passende Wörter aus der Wortfamilie *wechseln* und ergänze die Lücken.

a) Onkel Bastian will für seinen Urlaub in Amerika Geld

________________________.

b) Die Lehrerin ________________________ die Zwillinge Anna und Sophie.

c) Der Trainer muss den verletzten Stürmer

________________________.

d) Im April kannst du oft sehen, wie sich Regenschauer, Gewitter und Sonnenschein ________________________.

7. Bilde zusammengesetzte Nomen. Schreibe die Lösungen mit dem bestimmten Artikel auf die Zeilen.

a)

Kuckuck — Ei ________________________

Kuckuck — Uhr ________________________

Kuckuck — Nest ________________________

b)

Glück — Fall ________________________

Glück — Kind ________________________

Glück — Strähne ________________________

8. Hier siehst du vier wichtige Wörter mit gs. Präge sie dir gut ein. Wenn du sie auswendig kannst, dann deckst du sie ab und schreibst sie auf die Zeilen. Überprüfe anschließend, ob du alles richtig geschrieben hast.

mittags **unterwegs** **werktags** **dienstags**

____

____

9. Entscheide dich bei jeder Wortgruppe für einen x-Laut (x, chs, cks oder gs). Ergänze anschließend die Lücken.

a)

Bienenwa ___

verwe ___ eln

Fu ___

erwa ___ en

b)

Ta ___ i

Ni ___ e

bo ___ en

Pra ___ is

c)

Kle ___

Kucku ___ uhr

Glü ___ pilz

schnurstra ___

d)

sonnta ___

werkta ___

mitta ___

unterwe ___

27 Wörter mit ai

Es gibt nicht viele Wörter mit ai. Die wichtigsten wirst du im folgenden Rätsel entdecken.

1. Löse das Rätsel: Trage die fehlenden Buchstaben in die Kästchen ein.

a) Der fünfte Monat des Jahres: _ a i

b) Ein elternloses Kind: _ a i _ _

c) Froscheier: _ a i _ _

d) Anlegestelle für Schiffe: _ a i

e) Klangfaden der Gitarre: _ a i _ _

f) Gefährlicher Raubfisch _ a _

g) Wirbelsturm: _ a _ _ _ _

h) Getreidepflanze: _ a _ _

i) Ein ganzes Brot: _ a _ _

j) Er hat mehr Macht als ein König: _ a _ _ _ _

2. Schreibe alle Nomen von Übung 1 mit dem bestimmten Artikel auf ein Blatt Papier.

3. Löse die Wörterspirale auf. Trenne die einzelnen Wörter durch senkrechte Striche voneinander ab. Schreibe danach die sieben versteckten ai-Wörter auf die Zeilen.

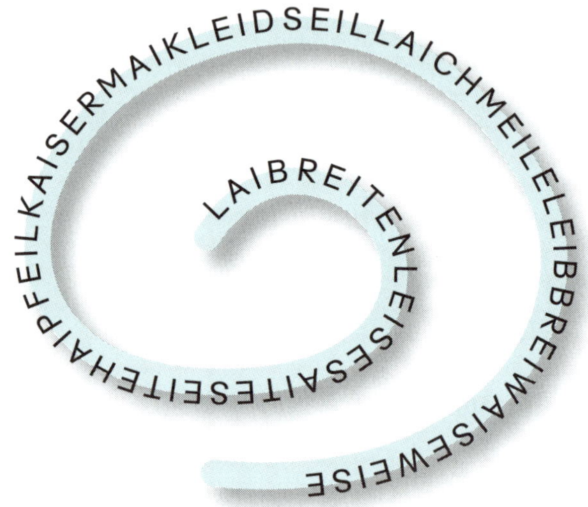

____

____

4. Ergänze die Lücken durch passende Wörter mit ai.

a) Die Kinder rösten am Lagerfeuer __________kolben.

b) Jasper schneidet einen großen __________ Brot auf.

c) Bei Evas Gitarre ist eine __________ gerissen.

d) Am Rande der Lichtung blühen __________glöckchen.

e) Im Frühling machen sich die Frösche auf den Weg zu ihrem __________platz.

f) Ein schrecklicher __________ fegte über die Insel und zerstörte viele Häuser.

5. Brauchst du ai oder ei? Ergänze die Lücken.

a) M___sfeld

b) S___teninstrument

c) K___serburg

d) W___sheit

e) Buchs___te

f) M___regen

g) L___bspeise

h) L___chplatz

i) K___

j) verw___st

k) H___fisch

l) Froschl___ch

28 Anredepronomen

In einem Brief kannst du die Anredepronomen (= Anredefürwörter) *du*, *dir*, *dich*, *euer* und alle abgeleiteten Formen entweder groß- oder kleinschreiben.

In einem Brief an Personen, die du mit *Sie* ansprichst, musst du das Anredepronomen *Sie* und die davon abgeleiteten Formen (zum Beispiel *Ihnen*, *Ihr*, *Ihre*) immer großschreiben.

1. In Jolandas Einladungskarte fehlen die Anredepronomen. Ergänze die Lücken.

Liebe Tante Luisa,
ich lade ______ und ______
Tochter zu meinem Geburtstag am
nächsten Samstag herzlich ein.
Kannst ______ ______
Trommel mitbringen? Ich wünsche
mir so sehr einen Festtag mit
fröhlicher Musik und wildem Tanz.
Ich sende ______ beiden
allerliebste Grüße.
Jolanda

2. Ergänze die Lücken in den Briefen durch die passenden Anredepronomen.

a)

Lieber Herr Förster Specht,
wir danken __________ herzlich
für __________ Führung durch den
Waldlehrpfad. Wir hoffen, __________
laden uns bald wieder einmal ein.
__________ Klasse 3b

b)

Liebe Frau Bücherwurm,
wir möchten __________ gerne
in __________ Bücherei besuchen.
Wir interessieren uns besonders
für Detektivgeschichten und
Sachbücher über Pferde. Bitte
schreiben __________ uns die
Öffnungszeiten __________ Bücherei.
Wir danken __________.
Katja und Eva

3. Briefexperten gesucht: Ergänze die Lücken.

a)

Lieber Herr Nachtauge,

__________ wurden uns als Spezialist für Fledermäuse empfohlen. Wir würden uns freuen, wenn __________ an unserer Schule einen Vortrag über diese geschützten Tiere halten könnten. Wir hoffen, dass __________ uns __________ Dias und Schautafeln zeigen.

__________ Klasse 4b

b)

Liebe Laura,

ich wünsche __________ zu __________ Geburtstag alles Liebe. Es tut mir leid, dass ich __________ an __________ Festtag nicht persönlich besuchen kann. Trotzdem hoffe ich, dass __________ diese Kinokarte für den Film „Das Dschungelbuch“ Freude macht. Ich umarme __________ und wünsche __________ zwei fröhliche Stunden im Kino.

Liebe Grüße von

__________ Tante Klara

29 Wörter trennen

Wörter mit einer Silbe kannst du nicht trennen. Wörter mit mehreren Silben trennst du so, wie du sie beim langsamen Sprechen zerlegen kannst: La-ger-feu-er.

1. Suche alle Wörter heraus, die nur eine Silbe haben. Male diese Kästchen mit einer leuchtenden Farbe aus.

in	Zoo	Fahrrad	Zahl	jetzt
Stock	Pilz	fröhlich	Hals	frei
Wanne	Bruder	Sand	Schlüssel	Füße
frei	Tee	Himmel	Bild	Herz
um	Ziel	Hexe	Rock	auf

2. Markiere alle Stellen, an denen du das Wort trennen kannst, mit einem senkrechten Strich in Farbe. Klatschen und lautes Lesen der Wörter helfen dir bei der Silbentrennung.

Decke
Wälder
Hexenhäuschen
Flugzeug
tauchen
Lokomotive
wenig
Mandarine
Feuerschlucker
federleicht
Nachbar
Zeitung
Zucker
Straßenbahn
Schaumbad
Brombeerstrauch
Krokodil
besuchen
bewegen
Reifen
Schnecke
Zauberer

Bei mehrsilbigen Wörtern mit Doppelkonsonant im Wortinneren kommt beim Trennen ein Konsonant auf die nächste Zeile:
brum-men, mes-sen, Schlüs-sel.

3. Verbinde die zusammengehörenden Silben. Schreibe dann die Wörter mit ihren Trennungen auf die Zeilen.

a)

klet	nern	*klet-tern*
klir	nen	
ren	ren	
wis	tern	
kom	len	
fal	men	
don	sen	

b)

Wet	mi	
Zet	te	
Ret	ne	
Gum	tung	
Wan	sel	
Schüs	tel	

4. Markiere die Trennstellen. Lass dich dabei nicht verwirren. Denk daran, dass du Wörter mit einer Silbe nicht trennen kannst.

a) r e n n e n – er rennt

b) b r u m m e n – er brummt

c) b r e n n e n – es brennt

d) f a l l e n – sie fällt

e) k o m m e n – es kommt

f) b e l l e n – er bellt

g) s u m m e n – es summt

5. Schreibe die Sätze mit allen möglichen Trennungen auf die Zeilen.

a) Im Sommer sammelt Frau Schwarz gern frische Kräuter.

____

____

____

b) Anton rennt zum Sandkasten hinter dem Schuppen.

____

____

____

Bei manchen Wörtern ist es für dich nicht leicht, die richtige Trennstelle genau herauszuhören. Deshalb merke dir:
Wörter mit pf trennst du Ap-fel, töp-fern.
Wörter mit tz trennst du Kat-ze, set-zen.

6. Welche neun Wörter haben sich hier versteckt? Setze die Silben zusammen und schreibe dann die Wörter auf die Zeilen.

Zap ~~fel~~ fen fen ~~Ap~~ Gip fer fen
schimp damp fen fe
zup fel Karp tap fen Töp

Apfel,

7. Schreibe die Wörter mit ihren Trennungen auf ein Blatt Papier.

glitzern hetzen Plätze putzen Tatze verletzen Katze Sätze schützen spritzen schmutzig Hitze

8. Löse aus den Wellen die einzelnen Wörter heraus und schreibe sie mit ihren Trennungen auf die Zeilen. Verwende dabei die normale Groß- und Kleinschreibung.

BRÜCKEHENNEPFÜTZELUSTIGKITZELN

MÜHLESTILLESCHWESTERMEINUNG

BLITZESESSELZUCKERZIRKUS

HUMMELFOTOGRAFIERENGESTERNZÖPFE

Brü-cke, ____

9. Löse das Rätsel: Verwende dabei die angegebenen Silben.

fel hüp schmut fen Ap
fen ver ~~fe~~ schimp ~~Töp~~ Kat
zen ze fen let stop
fel Gip zig put ze Hit zen

a) Kochgeschirr — Töpfe

b) Eine rotbackige Frucht:

c) Große Wärme:

d) Sie fängt Mäuse:

e) Bergspitze:

f) Sprünge machen:

g) Etwas sauber machen:

h) Ein Loch zunähen:

i) Jemanden schelten:

j) Gegenteil von sauber:

k) Jemanden verwunden:

Wörterliste

A

die Achse
achten
ähnlich
aktiv
allein
als
also
ändern
anfangen
die Angst
ärgern
der Arzt
die Aufgabe
aufpassen
aufräumen
ausstellen

B

backen
baden
der Bagger
die Bahn
basteln
bauen
die Beere
begegnen
beginnen, begann, begonnen
beide
das Beispiel
beißen, biss, gebissen
bellen
beobachten
bequem
bereiten
bereits
berichten
der Beruf
berühmt
besser
besuchen
betrachten
bewegen
biegen, bog, gebogen
die Biene
das Bild
binden, band, gebunden
bitter
blass
blind
der Blitz
der Block
blühen
bohren
das Boot
breit
brennen, brannte, gebrannt
das Brett
die Brille
die Brücke
der Bruder
brummen
bücken

D

dabei
daran
darauf

darin
darüber
dass
dauern
die Decke
der Delfin
denken, dachte, gedacht
deutlich
deutsch
dicht
dick
der Dieb
dieser, diese, dieses
der Doktor
donnern
doppelt
das Dorf
der Drachen
drängen
draußen
dreckig
drehen
drohen
dünn
durch

E

echt
die Ecke
ehrlich
eifrig
einige
einmal
einzeln
die Eltern *(nur im Plural)*
empfangen, empfing, empfangen
empfinden, empfand, empfunden
eng
erinnern
das Erlebnis
ernten
erst
erwidern
erzählen
essen, er aß, gegessen
euch, euer

F

die Fahne
fahren, fuhr, gefahren
das Fahrrad
falsch
das Fass
fast
der Fehler
das Feld
fertig
das Fest
das Fett
feucht
das Feuer
finden, fand, gefunden
der Fisch
die Flasche
der Fleck
fleißig
fließen, floss, geflossen
das Flugzeug
der Fluss
flüssig
frei
fressen, fraß, gefressen
der Freund

frieren, fror, gefroren
frisch
fröhlich
früher
fühlen
füllen
fürchten
das Futter
glatt
glauben
gleich
glücklich
glühen
die Gruppe
grüßen
der Gummi

G

die Gans
ganz
das Gas
die Gasse
das Gebäude
der Geburtstag
die Gefahr
gefallen, gefiel, gefallen
gegen
die Gegend
geheim
gelingen, gelang, gelungen
genießen, genoss, genossen
genug
gerade
das Geschäft
geschehen, geschah,
  geschehen
das Gesetz
gestern
gesund
das Getreide
das Gewicht
gewinnen, gewann, gewonnen
gewiss
das Gewitter
giftig
der Gipfel

H

das Haar
der Hai
der Haken
halb, halbe
der Hals
halten, hielt, gehalten
hängen, hing, gehangen
hängen, hängte, gehängt
hart
hässlich
heben, hob, gehoben
die Heimat
heiraten
heißen, hieß, geheißen
heizen
herauf
herein
der Herr
herüber
herunter
das Herz
die Hexe
der Himmel
hinter
die Hitze
hoch
höflich
die Höhle

holen
das Holz
hüpfen
die Hütte

I

immer
innen
ins
die Insel
das Interesse

J

die Jacke
jagen
jede, jeder, jedes
jedoch
jemand
jetzt
jubeln
die Jugend
jung

K

der Kaffee
der Käfig
kahl
der Kamm
die Kanne
die Karte
die Kartoffel
die Kasse
der Keller
die Kette
kippen
die Kirche
klettern
klirren
klopfen
klug
knallen
knicken
der Knochen
der Knopf
kochen
der Koffer
die Kohle
der Korb
der Kran
kratzen
der Kreis
kriechen, kroch, gekrochen
kühl
die Kunst
kurz
der Kuss

L

die Lampe
der Lärm
das Laub
laut
das Leben
leben
lecken
lecker
der Lehrer
die Lehrerin
leicht
leise
letzte, letzter, letztes
die Leuchte

leuchten
das Lexikon
das Licht
das Lied
liefern
links
der Liter
das Loch
locker
der Lohn
lösen
die Lücke
lügen, log, gelogen
lustig

M

das Mädchen
mähen
mahnen
der Mai
manche, mancher, manches
manchmal
der Mann
der Mantel
der Markt
marschieren
die Maschine
die Medizin
das Mehl
messen, maß, gemessen
das Messer
die Miete
die Minute
miteinander
der Mittag
der Monat
der Motor
müde
die Musik
mutig
die Mütze

N

der Nachbar
nächste, nächster, nächstes
die Nacht
nackt
nähen
die Nahrung
nämlich
nass
die Natur
neben
nennen, nannte, genannt
das Netz
nichts
nieder
niemals
niemand
nirgends
die Note
die Nummer
die Nuss
nützen

O

oben
das Obst
öffnen
oft
das Ohr
der Omnibus
ordentlich
der Ort

P

das Paar
das Päckchen
packen
das Paket
das Papier
parken
der Pass
die Pause
pfeifen, pfiff, gepfiffen
das Pferd
pflanzen
pflegen
pflücken
die Pfütze
der Pilz
plötzlich
der Polizist
die Post
probieren
der Pullover
der Punkt
pünktlich
putzen

Q

das Quadrat
quaken
quälen
die Qualle
der Qualm
qualmen
der Quark
das Quartett
der Quatsch
die Quelle
quer

R

das Rad
die Rakete
rau
der Raum
rechts
der Regen
das Reh
reif
die Reihe
rein
die Reise
reißen, riss, gerissen
reiten, ritt, geritten
rennen, rannte, gerannt
reparieren
der Rest
retten
richtig
riechen, roch, gerochen
der Riss
der Rock
roh
der Rücken
rücken
die Ruhe
rühren
rund
rutschen

S

der Saal
die Sache
die Sahne
der Salat
das Salz
sammeln

satt
sauber
schaffen
der Schatten
schenken
die Schere
schicken
schieben, schob, geschoben
schief
schießen, schoss, geschossen
das Schiff
schimpfen
schlagen, schlug, geschlagen
schlecht
schleichen, schlich, geschlichen
schließen, schloss, geschlossen
schlimm
das Schloss
schlucken
schlüpfen
der Schluss
der Schlüssel
schmal
schmecken
der Schmerz
schmücken
der Schmutz
schmutzig
der Schnabel
schneiden, schnitt, geschnitten
schneien
die Schokolade
schöpfen
der Schrank
schreien, schrie, geschrien
der Schuh
der Schüssel
schütten
schützen
der Schwanz
schwierig
schwimmen, schwamm, geschwommen
schwitzen
seit
selber
selbst
der Sessel
setzen, saß, gesessen
sicher
sinken, sank, gesunken
der Sohn
der Sommer
sparen
der Spaß
der Spiegel
der Sport
sprechen, sprach, gesprochen
springen, sprang, gesprungen
spritzen
spüren
der Staat
die Stadt
der Stall
der Stamm
der Stängel
stark
stehlen, stahl, gestohlen
stellen
der Stern
der Stiel
der Stift
still
der Stock
stolz
stören
stoßen, stieß, gestoßen
die Straße

der Strauß
stricken
das Stück
der Stuhl
die Stunde
stützen
süß

T

tanzen
tapfer
die Tasche
die Tasse
tauchen
das Taxi
der Tee
teilen
telefonieren
der Teller
der Teppich
das Theater
tief
der Tipp
die Tochter
die Träne
träumen
traurig
treffen, traf, getroffen
die Treppe
treten, trat, getreten
trinken, trank, getrunken
trocken
trotzdem

U

überall
überqueren
die Uhr
umkehren
ungefähr
unterscheiden, unterschied, unterschieden
der Urlaub

V

die Vase
verbieten, verbot, verboten
der Verdacht
vergessen, vergaß, vergessen
vergesslich
verhindern
der Verkehr
verletzen
verlieren, verlor, verloren
verraten, verriet, verraten
verreisen
versäumen
verschwinden, verschwand, verschwunden
verstecken
verwechseln
das Video
das Vieh
vielleicht
das Volk
voll
vorbei
vorbereiten
vorführen
vorher
vorsichtig
vorüber

W

die Waage
wachsen, wuchs, gewachsen
wählen
wahr
während
wahrscheinlich
die Waise
wandern
wann
die Wanne
wecken
wehren
das Weihnachten
weil
weinen
weit
welche, welcher, welches
wem
wen
wenig
werfen, warf, geworfen
das Wetter
wichtig
wiegen, wog, gewogen
der Winter
wirken
wischen
wissen, wusste, gewusst
wohnen
die Wolke
die Wolle
der Würfel
der Wurm
die Wurzel
die Wut
wütend

Z

zäh
die Zahl
zaubern
zeichnen
die Zeit
die Zeitung
der Zentner
ziehen, zog, gezogen
das Ziel
zielen
das Zimmer
zittern
der Zoo
der Zucker
zuerst
zuletzt
zurück
zusammen
der Zweck
zwischen

Mit der Wörterliste üben

So wirst du mit der Wörterliste fit im Rechtschreiben: Suche dir jeden Tag fünf bis zehn schwierige Wörter aus der Liste heraus und schreibe sie auf kleine Karteikarten.

Hier einige Vorschläge, was du auf die Kärtchen schreiben und wie du damit üben kannst:

- Suche zu jedem Nomen den bestimmten Artikel und bilde den Plural des Nomens:

S Schlüssel

der Schlüssel, die Schlüssel

- Schreibe Verben mit diesen Formen auf die Kärtchen: Infinitiv – 1. und 3. Person Singular Präsens – 3. Person Singular Präteritum (= Imperfekt) und Perfekt.

F fahren

ich fahre, er fährt

er fuhr, er ist gefahren

- Mit den Kärtchen kannst du auch die Silbentrennung üben:

S Schlüssel
der Schlüssel, die Schlüssel
Schlüs-sel

F fahren
ich fahre, er fährt
er fuhr, er ist gefahren
fah-ren, fuhr, ge-fah-ren

- Ergänze auf der Rückseite der Kärtchen Wörter aus derselben Wortfamilie, zum Beispiel:

abfahren, anfahren, befahren
Fahrzeug, Fahrbahn, Fähre,
Fuhre, Fahrt, Einfahrt, Bahnfahrt

- Ergänze bei Adjektiven die Steigerungsformen:

F fröhlich
fröhlicher – am fröhlichsten

H hoch
höher – am höchsten

- Ordne deine Kärtchen nach dem Alphabet in einen Karteikasten ein.

- Besonders schwierige Wörter, die du schon oft falsch geschrieben hast, sammelst du in einem eigenen Fach deines Karteikastens. Übe sie regelmäßig, lass sie dir vorlesen und schreibe sie auf ein Blatt Papier. Nach einiger Zeit wirst du diese schwierigen Wörter bestimmt richtig schreiben.

zu Seite

Lösungen

1 Einfache Nomen

6 **1.** der Bär, der / die Indianer, der Häuptling, das / die Feuer, der Pfeil, die Federn, die Spur, der Tanz, das Fell, die Jagd, die Trommel, das Pferd

7 **2.** *Lösungsvorschlag:*

Menschen	Tiere	Dinge
Indianer	Igel	Instrument
Neuseeländer	Nashorn	Nadel
Deutsche	Delfin	Dose
Italiener	Iltis	Inlineskates
Amerikaner	Ameise	Auto
Niederländer	Nilpferd	Nagel
Engländer	Elefant	Eisenstange
Russen	Ratte	Ruderboot

3. Die Irokesen bauten längliche Häuser in der Nähe von Seen und Flüssen. Sie jagten Elche und Bären. Auf ihren Feldern bauten sie Mais, Bohnen und Kürbisse an.

2 Zusammengesetzte Nomen

8 **1.** der Indianerschmuck, der Indianerhäuptling, die Indianersprache, der Indianerstamm, der Indianerfilm, das Indianerzelt
der Waldbrand, die Waldeule, der Waldvogel, die Waldameise, der Waldweg, die Waldbeere

9 **2.** **a)** das Geheimversteck
b) das Faultier
c) der Buntspecht
d) der Schnellzug
e) der Kühlschrank
f) die Spitzmaus

3. **a)** der Kletterturm
b) das Reitpferd
c) der Spielplatz
d) der Badeanzug
e) die Taucherbrille
f) der Trinkhalm

4. a) der Turnschuhbeutel 10
b) der Klebstofftropfen
c) die Schreibtischschublade
d) die Weißbrotscheibe
e) der Fahrradlenker
f) die Großbildleinwand
g) das Fußballspiel
h) das Hallenschwimmbad

3 Abstrakte Nomen

1. *waagrecht:* der Schmerz, die List 11
senkrecht: die Furcht, die Wut, die Freude, der Mut, der Neid, die Idee, der Kummer

2. a) **V**ERGANGENHEIT 12
b) T**A**PFERKEIT
c) STI**L**LE
d) **E**NDE
e) Ä**N**GSTLICHKEIT
f) HI**T**ZE
g) KRANKHE**I**T
h) JUGE**N**D
Lenas Freund heißt Valentin.

3. a) der Schmerz 13
b) der Neid
c) der Zorn
d) die Freude
e) der Ärger
f) die Furcht

4. *Diese Wörter musst du ankreuzen:*
Wut – Neid – Idee – Fröhlichkeit – Schadenfreude – Freundschaft – Zorn – Kummer – Feigheit – Ärger

4 Nomen mit den Nachsilben heit – keit – ung – nis

14 1.

heit	**keit**	**ung**
Feigheit	Ähnlichkeit	Überlegung
Gesundheit	Pünktlichkeit	Entschuldigung
Klugheit	Leichtigkeit	Erklärung
Schönheit	Helligkeit	Beleidigung
Dummheit	Heiterkeit	Versicherung
Krankheit	Gemütlichkeit	Zeichnung
Sicherheit	Schwierigkeit	Wohnung

15 2.

Nomen im Singular	**Nomen im Plural**
das Geheimnis	die Geheimnisse
das Versäumnis	die Versäumnisse
die Ersparnis	die Ersparnisse
das Verzeichnis	die Verzeichnisse
das Ereignis	die Ereignisse
das Erlebnis	die Erlebnisse
das Ergebnis	die Ergebnisse

16 3. Herr Vogt hat für die Geburtstagsgäste seines Sohnes Lukas eine Überraschung vorbereitet. Er sagt: „Bei Einbruch der Dunkelheit starten wir zu einer nächtlichen Wanderung." Mit großer Erwartung brechen die Kinder am Abend auf. Gebannt hören sie der Erzählung von Herrn Vogt über Waldgeister zu. Da nimmt Lukas eine leichte Bewegung im Gebüsch wahr. Da! Wieder ein Rascheln! „Ob das Waldgeister sind?", überlegt der Junge. Plötzlich hört er, wie jemand hinter ihm atmet. Er macht seine Freunde darauf aufmerksam. Mit großer Tapferkeit schleichen sie hinter die Büsche. Welch eine Überraschung! Es ist Tim, der kleine Bruder von Lukas, der nicht allein zu Hause bleiben wollte. „Wie siehst denn du aus?", ruft Lukas entsetzt. „Das ist Tarnung", antwortet Tim stolz. „Ich habe mein Gesicht mit schwarzer Farbe bemalt, damit ich in der Dunkelheit nicht gleich gesehen werde."

5 Adjektive

17 1. **a)** der Elefant **b)** die Schlange **c)** der Tiger

2. *Lösungsvorschlag:*

Papagei	**Affe**	**Bär**
bunt	flink	braun
laut	geschickt	groß
gefiedert	braun	dick

3. *Die elf Adjektive sind:* **18**

H	B	U	N	T	S	A	L	T	F	L	I	E	B
A	X	M	E	W	I	L	D	K	L	E	I	N	S
R	U	S	S	A	U	B	E	R	R	E	I	F	A
T	R	N	E	L	F	R	O	H	S	R	O	T	Y

hart, bunt, alt, lieb, wild, klein, sauber, reif, roh, rot, leer

4. *Lösungsvorschlag:*
eine spannende Geschichte, ein winziger Käfer, ein kaltes Getränk, eine langsame Schnecke, ein steiler Berg, ein fröhliches Fest, eine grüne Wiese, ein teures Geschenk, ein leises Geräusch, eine giftige Schlange

5. **19**

-ig	**-lich**
mutig	freundlich
mächtig	gefährlich
fertig	köstlich
wichtig	täglich
windig	glücklich

6. *Die Nachsilben sind hier farbig gedruckt:*

mut**ig**	freund**lich**
mächt**ig**	gefähr**lich**
fert**ig**	köst**lich**
wicht**ig**	täg**lich**
wind**ig**	glück**lich**

7. sonnig, listig, fröhlich, ängstlich, kräftig, saftig, herzlich, durstig, vergesslich, schmutzig, eisig, hässlich **20**

8. **a)** federleicht
b) zitronengelb
c) zuckersüß
d) rabenschwarz
e) bärenstark
f) eiskalt
g) haushoch
h) himmelblau

6 Verben

21 **1.**

Sophie sagt:	Moritz meint:
Ich tanze.	Ich faulenze.
Ich schwimme.	Ich lese.
Ich singe.	Ich skate.
Ich male.	Ich tauche.

22 **2.** *Das sind die Verben:*
pfeifen, schütteln, rudern, schwimmen, gewinnen, staunen, hängen, schlüpfen, kleben, streicheln, trinken, zerbrechen, geben, schlafen, träumen, flüstern, spielen

7 Aus Verben werden Nomen

23 **1.** *Die Lösungen sind hier farbig gedruckt:*
Das Fliegen auf dem Hexenbesen ist in den Schulgängen erwünscht.
Das Zaubern von Regentropfen während der Pause ist verboten.
Das Scherzen und **Lachen** während des Unterrichts ist erlaubt.
Das Üben von Verwandlungszauber ist erst nach Mitternacht möglich.
Das Ausprobieren von wildem Hexengeheul ist nur im Kellergewölbe möglich.
Das Rechnen mit Hilfe eines Zauberstabes ist nicht erlaubt.

24 **2.**
a) Das Lachen der Schulkinder schallt durch das ganze Haus.
b) Das Singen von Valentin gefällt Sophie.
c) Das Schimpfen von Frau Naseweis hört der Hausmeister.
d) Das Quietschen der Schultafel stört die Kinder.
e) Das Rechnen macht Anna Spaß.
f) Das Verkleiden der Kinder dauert lange.

25 **3.**
a) Zaubermeister Donnerschlag erteilt am Freitagnachmittag Unterricht im Zaubern von Donnerschlägen und Kugelblitzen.
b) Zum Üben der Hexensongs für das Schulfest bitte nächsten Dienstag um 15 Uhr in den Musiksaal kommen.
c) Vom Backen unserer Waldbeerentorte sind noch einige Tortenstücke übrig. Bitte in der Hexenküche abholen.
d) Das Vorführen neuer Zauberkunststücke findet nächstes Wochenende bei Vollmond statt.

8 Wörter mit Dehnungs-h

1. Bei dieser Übung sollst du alle Wörter laut und deutlich lesen. **26**

2. *Vokal und Dehnungs-h sind hier farbig gedruckt:*
Z**ah**l, St**uh**l, **Oh**r, Fl**oh**, Sch**uh**, st**eh**len, **Uh**r, **oh**ne, Verk**eh**r, F**eh**ler, n**eh**men, J**ah**r, H**uh**n, Z**ah**n, F**ah**rrad, K**oh**le

3. **27**

ah	**eh**	**oh**	**uh**
Zahl	stehlen	Ohr	Stuhl
Jahr	Verkehr	Floh	Schuh
Zahn	Fehler	ohne	Uhr
Fahrrad	nehmen	Kohle	Huhn

4. rühren, wühlen, fühlen / führen, blühen, kühlen
erzählen, wählen, mähen, krähen, Zähne
Höhle, Söhne, Möhre, Röhre

5. *Die Reimwörter sind:* **28**
Zahn – Hahn – Bahn
stehen – gehen – wehen – drehen
Dohle – Sohle – Kohle
Hohn – Sohn – Mohn – Lohn
nähen – krähen – mähen
Floh – Stroh – froh

6. **a)** Die kleine Hexe ist mit ihren Freundinnen am Silbersee beim Baden. **29**
   b) Ihr Papagei ist auch dabei. Sie ruft ihm zu: „Lora, komm doch ins Wasser!“
   c) Lora zögert etwas, doch dann flattert sie los und landet auf dem Kopf ihrer Besitzerin.
   d) Annabella streichelt sie und flüstert ihr ins Ohr: „Tut mir leid. Ich habe vergessen, dass du wasserscheu bist.“
   e) Da hext sie ihren Zauberstab herbei und zaubert für Lora eine knallbunte Plastikinsel auf den Silbersee, die ihr ein sicheres Plätzchen bietet.
   f) Annabella winkt ihren Freundinnen zu und ruft: „Wer hat Lust auf eine kühle Limonade unter Palmen?“

9 Wörter mit ie

30 **1.** *Die Wörter mit ie sind hier farbig gedruckt:*
Wenn **Riesen niesen!**
Sieben Riesen,
die mit bloßen Füßen
über nasse **Wiesen liefen,**
niesten mit ihren **Riesennasen** so laut,
dass von **diesem Riesenniesen**
sieben Wieselkinder,
die in **tiefen** Zimmern **schliefen,**
aufwachten
und Gesundheit **riefen.**

2. der Brief, die Ziege, die Fliege, das Ziel, die Biene, der Spiegel, der Stiefel, das Sieb, das Spiel, der Stier, das Tier, der Dieb, der Frieden

31 **3.** *Die neun Wörter mit ie sind:*

F	R	I	E	R	E	N	A	S	C	H	I	E	F	L
L	I	E	B	E	N	D	N	I	E	M	A	N	D	I
B	E	S	K	O	R	G	B	I	E	G	E	N	C	E
A	S	I	E	G	E	N	K	M	D	H	S	U	V	G
Y	I	L	M	S	C	H	I	E	B	E	N	X	L	E
C	G	N	P	V	X	A	L	K	C	P	R	D	U	N

frieren, schief, lieben, niemand, biegen, siegen, schieben, riesig, liegen

4. **a)** Beispiel
b) fliegen
c) niemand
d) kriechen
e) Papier
f) sieben

32 **5.** **a)** fotografieren
b) musizieren
c) frisieren
d) marschieren
e) probieren
f) transportieren

6. **a)** sie rief
   b) er stieg
   c) es schrie
   d) ich fiel
   e) sie schrieb / sie schrieben

7. 33

-in	-ine
Benzin	Maschine
Kamin	Mandarine
Termin	Rosine
Delfin	Praline
Medizin	Apfelsine
Vitamin	Lawine

8. der Apfelsinenquark, der Apfelsinensaft, die Apfelsinenschale, der Apfelsinenbaum, das Apfelsinengetränk, der Apfelsinenkuchen

10 Wörter mit aa – ee – oo

1. 34
   a) Zoo
   b) Aal
   c) Tee
   d) leer
   e) Paar
   f) Meer
   g) Waage
   h) Haare
   i) Schnee

2. oo: Zoo
   aa: Aal, Paar, Waage, Haare
   ee: Tee, leer, Meer, Schnee

3. Teetasse, Blumenbeet, Seestern, Briefwaage, Kleeblatt, Rittersaal 35

4. moosgrün, aalglatt, seekrank, kaffeebraun, schneeweiß

5. **a)** Waage, haarig, Saal, Paar
   b) Tee, Fee, Beere, Meer
   c) Zoo, Moos, Boot, Moor

11 Wörter mit Doppelkonsonant

36

1. *Die Wörter mit tt und pp sind hier farbig gedruckt:*

Im **Mittelalter** lebte hier auf dieser Burg **Ritter** Sigismund von **Wetterstein**. Als er acht Jahre alt war, kam er in den Dienst des Grafen **Hatto** von **Droppenfels**. Zuerst musste er lernen, sich höflich und hilfsbereit zu benehmen. Man lehrte ihm auch das Lesen, Schreiben und Lautespielen.

Nach ein paar Jahren wurde Sigismund **Knappe**. Mit den anderen **Knappen** übte er sich im Reiten, im **Wettlauf**, im **Klettern**, im Schwertkampf und im Speerwurf. Bei jedem **Wetter galoppierte** der junge Sigismund mit seinem **Rappen** durch die Wälder. Als er achtzehn Jahre alt war, fand ihm zu Ehren ein Fest **statt**. Vom Grafen **Hatto** erhielt er ein **doppeltes** Geschenk: den **Ritterschlag** und sein eigenes **Ritterschwert**. Sein Vater schenkte ihm eine glänzende Rüstung mit dem **Wappen** der **Wettersteins**. Der **Kettenpanzer** wog fast zwanzig Kilogramm und lag schwer auf den **Rippen**. Die Rüstung war steif und rasselte und **schepperte** auf **Schritt** und **Tritt**, doch **rettete** sie ihm später bei manchem Abenteuer das Leben.

37

2.
- a) Schiffe, Affe, Kartoffel, hoffen, schaffen
- b) Rüssel, besser, Gasse, küssen, Schlüssel
- c) Bagger, Roggen, schmuggeln, Dogge, baggern
- d) zerren, klirren, knarren, knurren, verwirren
- e) Brille, Halle, bellen, Roller, freiwillig
- f) bitter, Hütte, Schatten, Wette, klettern

38

3.
- a) Wonne, Wolle
- b) Rolle, Robbe
- c) Dotter, Donner
- d) treffen, trennen
- e) Hütte, Hülle
- f) Tasse, Tanne
- g) wissen, wippen
- h) billig, bissig
- i) Masse, Matte / Mappe
- j) Watte, Wanne

4. ir|ren, flat|tern, Af|fe, Was|ser, hof|fen, Pfan|ne, grim|mig, Kas|set|te, fal|len, Kaf|fee, fal|len, sam|meln, ver|wir|ren, ras|seln, Rüs|sel, Stim|me, knur|ren, pas|sie|ren, Ket|te, fes|seln, Zim|mer, Tan|ne, ver|ges|sen, Bril|le, brum|men, Tas|se, Pup|pe , be|kom|men **39**

5. ir-ren, flat-tern, Af-fe, Was-ser, hof-fen, Pfan-ne, grim-mig, Kas-set-te, fal-len, Kaf-fee, fal-len, sam-meln, ver-wir-ren, ras-seln, Rüs-sel, Stim-me, knur-ren, pas-sie-ren, Ket-te, fes-seln, Zim-mer, Tan-ne, ver-ges-sen, Bril-le, brum-men, Tas-se, Pup-pe , be-kom-men

6. **a)** der Kamm, die Käm|me **40**
   b) das Lamm, die Läm|mer
   c) das Blatt, die Blät|ter
   d) das Brett, die Bret|ter
   e) das Bett, die Bet|ten
   f) der Schwamm, die Schwäm|me
   g) der Ball, die Bäl|le

7. **a)** er kennt — ken-nen **41**
   b) sie stellt — stel-len
   c) er bellt — bel-len
   d) sie bekommt — be-kom-men
   e) es brennt — bren-nen
   f) er gewinnt — ge-win-nen
   g) es fällt — fal-len
   h) sie rennt — ren-nen
   i) er kommt — kom-men

8. **a)** er hofft, die Hoffnung, hoffentlich
   b) er füllte, abfüllen, die Füllung
   c) der Schwimmer, das Schwimmbad, sie ist geschwommen

12 Wörter mit ck

1. **a)** Blick **b)** packen **42**
   c) Brücke **d)** Zucker
   e) wecken **f)** pflücken

2. **a)** eckig **43**
   b) trocken
   c) dick
   d) dreckig
   e) nackt

3. a) Rock – Stock – Bock – Block
b) drücken – bücken – schmücken – pflücken
c) Decke – Hecke – Schnecke
d) Sack – Lack – Frack
e) Brücke – Lücke – Mücke – Krücke

4. a) der Glockenturm
b) der Onkel
c) die Wolldecke
d) die Salatgurke
e) der Feuerschlucker
f) das Werkzeug
g) die Schneeflocke
h) das Krankenhaus

13 Wörter mit tz

44 1. a) Hitze
Blitze
Spitze
Spritze
Ritze

b) Platz
Schatz
Spatz
Satz
Latz

c) Pfütze
Schütze
Mütze
Grütze

d) hetzen
petzen
wetzen
setzen

45 2. Die Schulkinder sind entsetzt, als sie den Schmutz am Picknickplatz liegen sehen. Wie der Blitz sammeln sie das zerfetzte Fischernetz, die zerrissene Mütze, den Putzeimer und die vielen anderen Dinge ein. Auf der Spitze des Müllbergs liegt eine schwarze Plüschkatze. Die Kinder jammern: „Oh je, das wird eine Arbeit, all den Müll bei dieser Hitze zum Wertstoffhof zu bringen."
Doch bevor die Kinder mit ihrer Arbeit beginnen, flitzt Anna mit einem Satz auf den Müllberg und schnappt sich die Plüschkatze. „Was willst du denn mit dieser schmutzigen Katze?", fragt Maxi. „Siehst du denn nicht, dass sogar die Naht schon aufgeplatzt ist und die kratzige Füllwolle herausschaut?" Trotzig antwortet Anna: „Wenn sie erst frisch geputzt und genäht ist, wird sie ein tolles Kuscheltier sein. Und vor allem wird sie nie so geschwätzig und vorlaut sein wie du!"

14 Wörter mit l – n – r

1. (zu Seite 46)

lk	**nk**	**rk**
Wolke	funkeln	parken
Balken	Onkel	Birke
Volk	danken	Marke
welk	krank	Gurke
lz	**nz**	**rz**
salzen	Pflanze	Herz
stolz	tanzen	Wurzel
Salz	glänzen	scherzen
Holz	ganz	kurz

2. (zu Seite 47)

salzen	das Salz	das Salzwasser
trinken	das Getränk	der Trinkhalm
glänzen	der Glanz	das Glanzpapier
scherzen	der Scherz	die Scherzfrage
parken	der Park	die Parkuhr
tanken	der Tank	die Tankstelle
tanzen	der Tanz	der / die Tanzpartner

3. *Diese Wörter sind miteinander verwandt:* 48
heizen – Heizung – verheizen
geizig – Geizhals – ehrgeizig
Reiz – reizend – reizen
schnäuzen – Schnauzbart – Schnauze
Käuzchen – Waldkauz – Kauz
Kreuzung – Kreuz – überkreuzen
Weizen – Buchweizen – Weizenkorn

4. *Siehe die Lösung zu Übung 3.*

15 Wörter mit ss

49 **1.** **a)** Fluss, Kuss, Nuss, Schuss

b) Fass, Pass, nass, Hass

c) Tasse, Gasse, Klasse, Masse

2. *Die zehn Wörter mit ss sind:*

F	O	R	B	T	N	K	U	S	S
L	P	A	N	A	S	S	P	O	X
U	F	M	E	S	S	E	R	H	A
S	A	D	O	S	L	D	Y	O	S
S	S	M	B	E	S	S	E	R	Y
K	S	W	I	S	S	E	N	L	K
E	S	S	E	N	H	A	S	S	M

Tasse, Kuss, nass, Messer, besser, wissen, essen, Hass, Fluss, Fass

50 **3.** *Lösungsvorschlag:*

Schloss	Schlösser	Türschloss
Nuss	Nüsse	Nussknacker
Tasse	Tassen	Kaffeetasse
Sessel	Sessel	Ledersessel
Kuss	Küsse	Kussmund
Schlüssel	Schlüssel	Schlüsselbund

4. **a)** es passt – der Reisepass – verpasst
b) ich esse – das Essen – der Esstisch – essbar
c) du lässt – die Gelassenheit – zugelassen
d) er misst – die Messlatte – vermessen
e) wir vergessen – die Vergesslichkeit – das Vergissmeinnicht

16 Wörter mit ß

1. *Die 15 Wörter mit ß sind hier farbig gedruckt:* 51
Mit **großem Fleiß** bastelt Luca schon seit einigen Tagen an seinem **Floß**. Es **heißt** „Flussperle“. Zusammen mit Sarah und ihrem Freund, dem Raben Theo, möchte er heute eine kleine **Floßfahrt** machen. „Das ist ja eine Riesenüberraschung!“, ruft Sarah und **stößt** einen Freudenschrei aus, nachdem sie Luca **begrüßt** hat.
Schon geht die Reise los. Welch ein **Spaß!** Ruhig **fließt** das Wasser dahin. Sarah **genießt** die Fahrt und lässt ihre **Füße** im klaren Wasser baumeln. Keiner bemerkt, wie hinter dem Tannenwald dicke Gewitterwolken aufziehen. Kaum hat Luca den ersten Blitz am Horizont bemerkt, fängt es schon zu regnen an. Das **Floß schießt** in stürmischer Fahrt den Fluss hinunter. „Halt dich **bloß** gut fest!“, ruft Luca seiner Freundin zu, die sich am Mast festklammert. „Wir haben bald das sichere Ufer erreicht“, meint Luca. **Weiß** vor Angst ruft Sarah: „Wo ist Theo? Er wird doch nicht ins Wasser gefallen sein?“

2. gr**oß**em – Fl**eiß** – Fl**oß** – **heiß**t – Fl**oß**fahrt – st**öß**t – begr**üß**t – Sp**aß** – fl**ieß**t – gen**ieß**t – F**üß**e – Fl**oß** – sch**ieß**t – bl**oß** – w**eiß** 52

3.

ß nach langem Vokal	**ß nach langem Umlaut**	**ß nach Doppellaut**
Straße	begrüßen	heißen
Schoß	Füße	gießen
stoßen	Grüße	genießen
Ruß	Gefäße	fließen
Maß	Späße	abschließen

17 Schwierige Verbformen mit ss – ß

1. *Bei dieser Übung sollst du nur den Text lesen und besonders auf die farbig gedruckten Verben achten.* 53

2. a) Er beschloss, heimlich auszureißen und Hilfe zu holen. 54
b) Der Rabe wusste, dass hier nur der Zauberer Donnerschlag helfen konnte.
c) Donnerschlag schloss gerade wegen des Sturms die Fenster, als Theo in wildem Flug heranschoss.
d) Immer noch goss es in Strömen.
e) Donnerschlag ließ ein dickes Seil hinunter.

55 **3.**

er weiß	er wusste	er hat gewusst
sie vergisst	sie vergaß	sie hat vergessen
er reißt	er riss	er hat gerissen
ich schließe	ich schloss	ich habe geschlossen
er beißt	er biss	er hat gebissen
wir stoßen	wir stießen	wir haben gestoßen
er isst	er aß	er hat gegessen

18 Die Konjunktion dass

56 **1.** „Wie froh bin ich, dass Sie uns gerettet haben!", ruft Luca Donnerschlag erleichtert zu. „Ich hatte schon Angst, dass wir das Ufer nicht rechtzeitig erreichen könnten." Sarah unterbricht ihn mit einem lauten Niesen. „Ich hoffe nur, dass ihr beiden Abenteurer morgen nicht mit Fieber und Halsschmerzen im Bett liegt!", krächzt Theo. „Vielleicht hat Donnerschlag einen wärmenden Kräutertee, der euch vor einem riesigen Schnupfen bewahrt!" Doch Donnerschlag antwortet nicht. Während er zur Landung ansetzt, murmelt er: „Ich muss euch gestehen, dass ich an eurer gefährlichen Floßfahrt schuld bin. Ich habe einen Wetterzauber ausprobiert und nicht gewusst, dass ihr unterwegs seid. Ich verspreche euch, dass ich morgen für euch bestes Wetter zaubere. Und als Entschädigung werdet ihr auf eurem Floß noch eine kleine Überraschung finden!"

57 **2.**
a) Lisa hat gehört, dass ein Zirkus in die Stadt kommt.
b) Johannes ist erstaunt, dass der Komet so hell leuchtet.
c) Vater verspricht Christian, dass sie nächstes Wochenende das Ritterturnier besuchen werden.
d) Moritz fürchtet, dass das Fußballspiel am Samstag ausfallen muss.
e) Sophie hofft, dass sie in den Ferien ihre Großeltern besuchen darf.
f) Kathrin erzählt, dass sie beim Tauchen ein Seepferdchen gesehen hat.

19 Wortfamilien

1. *Der Wortstamm ist hier farbig gedruckt:* 59

sammeln	**spiel**en
ver**samm**elt	**Spiel**platz
Sammlung	ver**spiel**t
auf**samm**eln	**Spiel**zeug
reiten	**schwimm**en
Reitstall	weg**schwimm**en
Reitpferd	**Schwimm**bad
zu**reit**en	**Schwimm**reifen

2. *Lösungsvorschlag:* 60
   - **a)** rennen, wegrennen, die Rennbahn, das Rennpferd, das Pferderennen, der Rennläufer, das Wettrennen
   - **b)** dienen, der Diener, bedienen, der Dienst, die Bedienung, die Bediensteten, der Gottesdienst
   - **c)** putzen, die Putzfrau, der Putzeimer, das Putzmittel, verputzen, der Frühjahrsputz

3. *Nomen:* Flug, Sturzflug, Flugzeug, Flugplatz, Fluglehrer, Flugschein, Gleitflug, Rundflug, Drachenflieger, Segelflieger, Fliege, Flieger 61
   Verben: abfliegen, wegfliegen, überfliegen, fliegen

4. 62

a) gefallen	**b)** die Gefälligkeit
c) der Zufall	**d)** der Abfall
e) der Beifall	**f)** anfällig
g) die Unfälle	**h)** einfallen
i) auffallen	**j)** zufällig

5.
   - **a)** Der Biber will einen Baum für seinen neuen Bau fällen.
   - **b)** Nach dem Konzert spenden die Zuhörer tosenden Beifall.
   - **c)** Der Müllwagen ist mit Abfall beladen.
   - **d)** Auf dem Sportplatz trifft Vater zufällig seinen alten Schulfreund wieder.

20 Sp / sp und St / st am Wortanfang

63 1. *Bei dieser Übung sollst du den Text laut vorlesen und die farbig gedruckten Wörter besonders deutlich aussprechen.*

64 2.

St / st	**Sp / sp**
stolz	spritzen
Stuh	Sprecher
Straße	sprudeln
steil	Spiegel
Strauß	spielen
Stamm	Spruch
stellen	springen
stark	Spaß

65 3. a) der Spiegel, der Spinat, die Spange, die Spalte, der Specht, der Speicher, die Spende, der Sperling, die Spinne
b) der Stecker, der Stern, der Stein, der Stempel, die Stelle, die Steppe, der Stich, der / die Stiefel, der Stift

66 4. a) er spricht – der Spruch – die Fremdsprache
b) er spritzt – die Spritze – spritzig
c) er streitet – der Streit – zerstritten
d) er spielt – das Brettspiel – verspielt
e) er sticht – der Mückenstich – gestochen
f) er strickt – die Stricknadel – verstrickt

21 Wörter mit eu – äu

67 1. *Diese Wörter sind miteinander verwandt:*

die Verkäuferin	verkaufen
das Gebäude	bauen
räumen	der Raum
die Bäuerin	der Bauer
säubern	sauber
Säugling	saugen
läuten	laut
Häuptling	das Haupt

2. *Lösungsvorschlag:*

a) säuerlich	sauer
b) der Läufer	laufen
c) läuten	laut
d) schäumen	der Schaum

3. *Bei dieser Übung sollst du dir die Nomen* die Leute, das Feuer, der Freund *und* das Kreuz *merken, dann abdecken und schließlich auf die Zeilen schreiben.* **68**

4. *Bei dieser Übung sollst du dir die Verben* keuchen, heulen, leuchten *und* sich freuen *merken, dann abdecken und schließlich auf die Zeilen schreiben.*

5. *Bei dieser Übung sollst du dir die Wörter* neu, feucht, teuer *und* heute *merken, dann abdecken und schließlich auf die Zeilen schreiben.*

6. *Diese Wörter sind miteinander verwandt:* **69**
das Feuer, feurig, anfeuern
der Leuchtturm, leuchten, beleuchten
freundlich, der Freund, die Freundschaft, befreundet
das Kreuz, die Kreuzung, überkreuzen
feucht, befeuchten
neu, die Neuigkeit, neugierig

7. **70**
a) Eule
b) neu
c) heute
d) teuer
e) Räuber
f) Bäuerin
g) Feuerwerk
h) Häuptling
i) Leuchtturm

22 d – t am Wortende

71 **1.** Duft, Lied, Fahrt, Held, Land, Strand, Freund, Ort, Hemd, Welt, Boot, Axt, Pferd, Hut, Wort, Kind, Bild, Draht, Text, Markt

2. die Düfte, die Lieder, die Fahrten, die Helden, die Länder, die Strände, die Freunde, die Orte, die Hemden, die Welten, die Boote, die Äxte, die Pferde, die Hüte, die Worte / die Wörter, die Kinder, die Bilder, die Drähte, die Texte, die Märkte

72 **3.**

a) zart	Fleisch	das zarte Fleisch
b) bunt	Papagei	der bunte Papagei
c) kalt	See	der kalte See
d) fremd	Gast	der fremde Gast
e) gut	Hexe	die gute Hexe
f) rot	Fahrrad	das rote Fahrrad
g) rund	Mond	der runde Mond
h) hart	Brot	das harte Brot
i) gesund	Zahn	der gesunde Zahn
j) blond	Fee	die blonde Fee
k) blind	Maulwurf	der blinde Maulwurf

23 g – k am Wortende

73 **1.** Tag, Bank, Volk, Flug, Zwerg, Fabrik, Technik, Werk, Weg, Flugzeug, Käfig, Zug

2. die Tage, die Bänke / die Banken, die Völker, die Flüge, die Zwerge, die Fabriken, die Techniken, die Werke, die Wege, die Flugzeuge, die Käfige, die Züge

74 **3.** *Lösungsvorschlag:*

a) schmutzig	die schmutzige Hose
b) blank	das blanke Entsetzen
c) giftig	der giftige Pilz
d) stark	der starke Sportler
e) klug	die kluge Antwort
f) schlank	das schlanke Mädchen
g) krank	der kranke Schüler
h) flink	das flinke Eichhörnchen
i) fettig	der fettige Topf
j) dreckig	die dreckigen Teller
k) vorsichtig	die vorsichtige Katze
l) welk	die welken Blumen

24 Wörter mit V / v

1. 75

wie w gesprochen	**wie f gesprochen**
Vase	Verkehr
Video	davon
Violine	Vogel
nervös	Versteck
Serviette	verschenken
Pullover	brav
Vulkan	voll

2. a) Valentin stellt Annas Blumen in die Vase. 76
   b) Eva spielt auf der Violine wilde Tanzmusik.
   c) Claudia trägt einen selbst gestrickten Pullover.
   d) Florian kauft einen spannenden Videofilm auf DVD.
   e) Veronika hat für den Mittagstisch Servietten gefaltet.
   f) Tim freut sich sehr über das Buch mit Feuer speienden Vulkanen.
   g) Linus baut mit seinem Vater einen Nistkasten für Vögel.
   h) Mia hortet ihre Schätze in einem geheimen Versteck auf dem Dachboden.

3. Vulkan, Veilchen, Klavier, Vogel, Kurve, Pulver, Vase 77

4. Serviette, Vitamin, Vollkornbrot, Pullover, verblüffen

5. verkleiden, verbinden, verstecken, versuchen, versprechen, verhindern, 78
verkaufen, verraten, verlosen, verirren, verglühen, verdienen, verheizen, verkratzen

6. der Vorsprung, die Vorspeise, die Vorstellung, der Vorgarten, die 79
Vorfahrt, der Vorhang, das Vorbild, die Vorsicht, das Vordach, der Vorrat, der Vorteil, der Vorschlag, die Vorfreude, die Vorführung

7. a) Vater bereitet ein Festessen vor. 80
   b) Der Babysitter singt der kleinen Luisa ihr Lieblingslied vor.
   c) Lena liest ihrer Freundin eine Gutenachtgeschichte vor.
   d) Der Zauberer Ronny führt einen neuen Trick vor.
   e) „Was hast du morgen vor?“, möchte Malte wissen.
   f) „Komm mit mir ins Kino!“, schlägt Leander vor.

81

8. a) In der Räuberhöhle liegt ein verborgener Schatz.
   b) Beim Wettrennen hat Bernd einen großen Vorsprung.
   c) Vorsicht! Bissiger Hund!
   d) Die Sternschnuppe verglüht am Himmel.
   e) Tante Christine bereitet Lisas Geburtstagsfeier vor.
   f) Jochen verkauft sein altes Skateboard.
   g) Die Zirkusvorstellung ist ausverkauft.

9. a) der Fernseher
   b) die Verkehrsampel
   c) verlieren
   d) verbrannt
   e) die Zirkusvorstellung
   f) die Ferien
   g) vorschlagen
   h) die Vorfahrt
   i) die Vorsicht
   j) fein

82

10. a) Moritz hat seine Gäste zu einer Schnitzeljagd eingeladen. Er hat sich viel Mühe bei der Vorbereitung gegeben.
    b) Auf einem Hinweisschild stand: „Sammelt möglichst viel trockenes Holz!"
    c) Sophie fiel bei der Suche nach Holz beinahe in den Eingang eines Dachsbaus.
    d) Das Sammeln von Holz machte den Kindern viel Spaß.
    e) Sie legten das Holz auf einen großen Haufen, der fast umfiel.
    f) Wozu braucht Moritz eigentlich so viel Holz?
    g) Sophie fiel es plötzlich wie Schuppen von den Augen: Das wird bestimmt ein Lagerfeuer geben!

25 Wörter mit Qu / qu

1. a) Quelle **83**
   b) Qualm
   c) quaken
   d) Quiz
   e) Qualle
   f) Quadrat
   g) quieken
   h) quer

2. a) das Quadrat **84**
   b) der Quark
   c) der Quirl
   d) das Quecksilber
   e) das Quiz
   f) der Qualm
   g) die Quelle
   h) die Qualle
   i) quieken
   j) quer
   k) der Quatsch
   l) quälen
   m) die Qualität
   n) das Quartier
   o) der Quader

3. a) Quietschvergnügte Quälgeister quasseln Quatsch. **85**
   b) Quer zur Quelle quieken und quietschen quakende Quälgeister.

4. a) Qualm
   b) Quelle
   c) Quark
   d) quer
   e) Quiz
   f) Quadrat

26 Der x-Laut

86 **1.** **a)** Praxis **b)** Axt
c) Fax **d)** Taxi
e) Lexikon **f)** mixen
g) boxen **h)** maximal

87 **2.** **a)** der Fuchs
b) die Eidechse

3. **a)** Fuchs
Luchs
Wuchs

b) Dachs
Wachs
Lachs

88 **4.** **a)** sechs
b) sechsundzwanzig
c) sechshundertsechs
d) sechstausendsechsundfünfzig

5. *Zu den richtigen Lösungen gehören:*
verwachsen, Gewächs, Wildwuchs, bewachsen, Wachstum, Erwachsener, erwachsen, anwachsen, Gewächs, Gewächshaus, entwachsen, zuwachsen, einwachsen,

89 **6.** **a)** Onkel Bastian will für seinen Urlaub in Amerika Geld wechseln.
b) Die Lehrerin verwechselt die Zwillinge Anna und Sophie.
c) Der Trainer muss den verletzten Stürmer auswechseln.
d) Im April kannst du oft sehen, wie sich Regenschauer, Gewitter und Sonnenschein abwechseln.

7. **a)** das Kuckucksei, die Kuckucksuhr, das Kuckucksnest
b) der Glücksfall, das Glückskind, die Glückssträhne

90 **8.** *Bei dieser Übung sollst du dir die Wörter* mittags, unterwegs, dienstags *und* werktags *merken, dann abdecken und schließlich auf die Zeilen schreiben.*

9. **a)** Bienenwachs
verwechseln
Fuchs
erwachsen

b) Taxi
Nixe
boxen
Praxis

c) Klecks
Kuckucksuhr
Glückspilz
schnurstracks

d) sonntags
werktags
mittags
unterwegs

27 Wörter mit ai

1. **a)** Mai 91
   b) Waise
   c) Laich
   d) Kai
   e) Saite
   f) Hai
   g) Taifun
   h) Mais
   i) Laib
   j) Kaiser

2. der Mai, die Waise, der Laich, der Kai, die Saite, der Hai, der Taifun, der Mais, der Laib, der Kaiser

3. Laib, Saite, Hai, Kaiser, Mai, Laich, Waise 92

4. **a)** Die Kinder rösten am Lagerfeuer Maiskolben.
   b) Jasper schneidet einen großen Laib Brot auf.
   c) Bei Evas Gitarre ist eine Saite gerissen.
   d) Am Rande der Lichtung blühen Maiglöckchen.
   e) Im Frühling machen sich die Frösche auf den Weg zu ihrem Laichplatz.
   f) Ein schrecklicher Taifun fegte über die Insel und zerstörte viele Häuser.

5. **a)** Maisfeld 93
   b) Saiteninstrument
   c) Kaiserburg
   d) Weisheit
   e) Buchseite
   f) Mairegen
   g) Leibspeise
   h) Laichplatz
   i) Kai
   j) verwaist
   k) Haifisch
   l) Froschlaich

28 Anredepronomen

94 **1.** Liebe Tante Luisa,
ich lade dich / Dich und deine / Deine Tochter zu meinem Geburtstag am nächsten Samstag herzlich ein.
Kannst du / Du deine / Deine Trommel mitbringen? Ich wünsche mir so sehr einen Festtag mit fröhlicher Musik und wildem Tanz.
Ich sende euch / Euch beiden allerliebste Grüße.
Jolanda

95 **2.** **a)** Lieber Herr Förster Specht,
wir danken Ihnen herzlich für Ihre Führung durch den Waldlehrpfad. Wir hoffen, Sie laden uns bald wieder einmal ein.
Ihre Klasse 3b

b) Liebe Frau Bücherwurm,
wir möchten Sie gerne in Ihrer Bücherei besuchen. Wir interessieren uns besonders für Detektivgeschichten und Sachbücher über Pferde. Bitte schreiben Sie uns die Öffnungszeiten Ihrer Bücherei.
Wir danken Ihnen.
Katja und Eva

96 **3.** **a)** Lieber Herr Nachtauge,
Sie wurden uns als Spezialist für Fledermäuse empfohlen. Wir würden uns freuen, wenn Sie an unserer Schule einen Vortrag über diese geschützten Tiere halten könnten. Wir hoffen, dass Sie uns Ihre Dias und Schautafeln zeigen.
Ihre Klasse 4b

b) Liebe Laura,
ich wünsche dir / Dir zu deinem / Deinem Geburtstag alles Liebe. Es tut mir leid, dass ich dich / Dich an deinem / Deinem Festtag nicht persönlich besuchen kann. Trotzdem hoffe ich, dass dir / Dir diese Kinokarte für den Film „Das Dschungelbuch“ Freude macht. Ich umarme dich / Dich und wünsche dir / Dir zwei fröhliche Stunden im Kino.
Liebe Grüße von
deiner / Deiner Tante Klara

29 Wörter trennen

1. *Diese Wörter haben nur eine Silbe:* 97
in, Zoo, Zahl, jetzt, Stock, Pilz, Hals, frei, Sand, frei, Tee, Bild, Herz, um, Ziel, Rock, auf

98

2. *Hier sind die Silben durch normale Trennstriche voneinander getrennt:*
Flug-zeug, Rei-fen, Zei-tung, tau-chen, Schne-cke, we-nig, be-we-gen, De-cke, Kro-ko-dil, Zu-cker, Wäl-der, Zau-be-rer, Nach-bar, be-suchen, Schaum-bad, He-xen-häus-chen, Stra-ßen-bahn, fe-der-leicht, Man-da-ri-ne, Lo-ko-mo-ti-ve, Brom-beer-strauch, Feu-er-schlu-cker

99

3. **a)** klet-tern
klir-ren
ren-nen
wis-sen
kom-men
fal-len
don-nern

b) Wet-te
Zet-tel
Ret-tung
Gum-mi
Wan-ne
Schüs-sel

100

4.

a) ren-nen	er rennt
b) brum-men	er brummt
c) bren-nen	es brennt
d) fal-len	sie fällt
e) kom-men	es kommt
f) bel-len	er bellt
g) sum-men	es summt

5. **a)** Im Som-mer sam-melt Frau Schwarz gern fri-sche Kräu-ter.
b) An-ton rennt zum Sand-kas-ten hin-ter dem Schup-pen.

101

6. Apfel, schimpfen, Töpfe, dampfen, zupfen, Gipfel, Karpfen, Zapfen, tapfer

7. sprit-zen, Tat-ze, schmut-zig, Sät-ze, Hit-ze, ver-let-zen, Kat-ze, put-zen, schüt-zen, Plät-ze, glit-zern, het-zen

102 **8.** Brü-cke, Hen-ne, Pfüt-ze, lus-tig, kit-zeln, Müh-le, Stil-le, Schwes-ter, Mei-nung, Blit-ze, Ses-sel, Zu-cker, Zir-kus, Hum-mel, fo-to-gra-fie-ren, ges-tern, Zöp-fe

103 9.
a) Töpfe
b) Apfel
c) Hitze
d) Katze
e) Gipfel
f) hüpfen
g) putzen
h) stopfen
i) schimpfen
j) schmutzig
k) verletzen

Quellenangaben

Seite 30: Josef Guggenmos, Wenn Riesen niesen!, aus: Hans-Joachim Gelberg (Hrsg.), *Überall und neben dir. Gedichte für Kinder in sieben Abteilungen*, Weinheim/Basel (Beltz Verlag), 5. Auflage 2001.